読書する家族のつくりかた

親子で本好きになる25のゲームメソッド

印南敦史

星海社

193

SEIKAISHA SHINSHO

はじめに――「読書が嫌い」というよりも

本書に興味を持っていただき、ありがとうございます。

僕は作家と平行して、書評家という仕事をしています。「東洋経済オンライン」「ライフハッカー［日本版］」「ニューズウィーク日本版」「サライ.jp」「マイナビニュース」「FINDERS」などのウェブメディアを中心に、各サイトの特色を意識しながら、それぞれの読者に刺さりそうな本についての紹介文を書いているのです。

根底にあるのは「これ、おもしろいので、よければ読んでみませんか？」というような〝問いかけ〟の気持ち。「読め」と押しつけるようなスタンスが好きではないので、あくまで紹介役に徹《てっ》したいと思っているわけです。

その役割は、おすすめの曲をダンスフロアに流すＤＪと似ているのではないかと思うことがあります。こちらから踊《おど》ることを強制することはないけれど、曲がよければみんな踊ってくれるだろうし、雰囲気《ふんいき》に合わなければダンスフロアから人が消えるだけだし、というような感じ。

ところで、そんな立場にいるからこそ気になっているのですが、みなさん、本を読んでいますか？　いや、これは愚問《ぐもん》かもしれませんね。「読んでいる」といい切れない部分があるからこそ、本書を手にとっていらっしゃるのでしょうから。

とはいえ、最初から本が嫌いだったという方は少ないのではないかとも感じています。誰でも多かれ少なかれ、本に夢中になったり、ストーリーにハマったりした経験は持っているはずなのですから。

たとえば余計な知識や偏見がなかった子ども時代、小学校の読書の時間などには、知らず知らずのうちに本に親しんでいたはず。

あるいは、本そのものにドキドキした経験をお持ちの方もいらっしゃるかもしれません。たとえば小学生のころ、岩波書店から出ているミヒャエル・エンデの『はてしない物語』や『モモ』のように高級感のある本をプレゼントされたりして、その装丁《そうてい》の美しさに驚きながら「この本は大切にしよう」と思ったりはしませんでしたか？　そんなとき、本はなにか特別なもののように映ったのではないでしょうか？

僕の場合であれば、小学校低学年のころに図書室で読んだ、佐藤さとるさんの『だれも知らない小さな国』に代表されるコロボックル・シリーズなどがそれにあたるかな。

いずれにしても、そうしたことがきっかけとなって、読書にハマる人も少なくなかったのではないかと思うのです。いいかえれば本来、本とはそれくらい身近なものだったはずなのです。

ところが不思議なことに、年齢を重ねていくとそういうことを忘れてしまうものなんですよね。それどころか、いつしか本から離れていく人も少なくありません。しかし、それではもったいない。そこで、改めて原点に立ち戻ってみるのもいいのではないかと思うのです。

そしてそのことについて触れるうえで、2016年に出した『遅読家《ちどくか》のための読書術——情報洪水でも疲《つか》れない「フロー・リーディング」の習慣』（ダイヤモンド社）のことを引き合いに出したいと思います。

このたび文庫版も発売されましたが（PHP文庫）、実はこの本ができたのも、担当編集者とひとつの思いを共有したことがきっかけだったのです。

「学生時代は本ばかり読んでいて、その頃はスラスラ読めたのに、最近は読むのが遅くなっちゃったんですよね」

「わかるわかる。僕も同じ。どうしてそうなっちゃうんだろうね」

居酒屋でのそんな会話を通じ、同じ悩《なや》みを共有していることがわかったわけです。そして、そこがスタートラインになったということ。

「どうしてそうなっちゃうのか」を考えた結果、行き着いたのはいくつかの原因でした。それは、先ほど触れた「本を読んでいるとはいい切れない」という思いともつながっていくものだと思います。

まず最初は、単純に時間がなくなってしまったという現実的な事情。

誰しも社会人になると、日々の仕事に追われることになってしまいます。やることが多すぎて精神的にも余裕がなくなり、いつしか読書を楽しもうなどという気が起きなくなってしまうわけです。

もうひとつは、読書以外にも楽しめるものが増えたこと。たとえばゲームやSNS、ネットフリックスのような動画配信サービスなどがそれにあたるでしょう。わざわざ本のページをめくって細かい活字を追わなくても、有意義（に思える）時間を過ごせるようになったということです。

そして、そんなコンテンツを楽しむためのツールとして、スマートフォンやタブレットが浸透したことも大きな要因だと思います。たとえば通勤時間中に片手でスマホを操作すれば、最新のニュースをチェックできるし、そこから拾ったキーワードを通じ、SNSで知らない人たちとつながることもできる。もしくは、好きなゲームに没頭したりもできる。

しかも、それらは通勤時間中だけではなく、帰宅後にくつろいでいる時間、お風呂やトイレに入っている時間など、起きている限りすべての時間に楽しめるものでもあります。

だとすれば純粋《じゅんすい》に、すばらしい世界が訪れたとしか思えませんよね。なんてことを書いている僕だって日常的に実感しているのですから間違いありません。そして、だとすれば読書の立ち入る隙《すき》がなくなってしまっても当然。なにしろ本を読まなくたって時間は潰《つぶ》せるし、本を読むよりも楽しい時間を過ごせるのですから。

そう考えれば、読書をする時間が減ったとしても、読もうとしたにもかかわらずなかなか読めなくなっていたとしても、まったく不思議ではないのです。

そして、同じことは子どもにもいえます。

親である以上、本を読まない子どもに対してはつい不満を抱《いだ》いてしまいがちではないかと思います。「本を読まずに、スマホばかり見ている。困ったものだ」というように。

僕自身、高校生の娘がいつもスマホを眺《なが》めていることにはちょっとしたストレスを感じています。小学生時代の彼女は本が大好きで、一日に2冊も3冊も読んでしまうほどだったのに、中学生のころにスマホを与えたらまったく本に関心を示さなくなってしまったのです。

しかし、それは間違いなく、スマホを早くに与えすぎた親の責任。なぜなら、スマホのようにオールマイティなツールを手にしてしまったとしたら、本に興味がなくなってしまっても無理はないからです。そう感じるからこそ、親として適切ではなかったなと反省しているということです。

でも、僕と同じように「スマホを与えるのが早すぎた」という思いを抱いている親御《おやご》さんも多いのではないでしょうか？　しかも当の親自身が、いまやスマホに操られてしまっているのです。僕にさえ、そうした傾向はあります。たとえば「今夜は早めにベッドに入って本を読もう」と思っても、気がつけばスマホでニュースサイトを見ていたり。

つまり子どもも親も、ましてや僕のような仕事をしている人間でさえも、多かれ少なかれ〝スマホの呪縛〟から逃《のが》れにくい状況にあるわけです。


とはいえ、そこから少しでも逃れることに価値があると感じるのは、僕が本を読んで書評を書くという仕事をしているからかもしれません。しかし、それはすべての人に当てはまることでもあります。

スマホを否定する気はありません。いまや、スマホのない生活は考えられないのですから。でも、スマホのある生活の一部に〝本を読む時間〟を組み込めば、日常はさらに意義のあるものになるはずなのです。スマホに頼りがちである一方、毎日本を読み続けている僕だからこそ、そう断言できます。

こういう時代ですから、スマホを利用することはある意味で当然の行為です。まったく間違ってはいません。問題は、僕たちがあまりにもスマホに〝生活を侵食されすぎている〟こと。ここまでくると、読書の入り込む隙などないに等しいわけです。

読書は〝なくていいもの〟では決してなく、それどころか〝あるべきもの〟です。ところがスマホの恩恵を受けすぎている僕たちに、そう断言できるだけの余地はもはやなくなっている。これは矛盾《むじゅん》というしかありませんよね。


では、どうしたらいいのか？


重要なポイントは、「読書に肯定的《こうてい》になれない子どもたちと、思いを共有すること」ではないかと思います。「読まないのはけしからん！」と上から目線になるのではなく、「だよねー、本、読めないよねー」という思いを共有しようという発想。そもそも、大人だって読めない（読む気になれない）わけですし。

読めないものは読めないのだと開きなおって現状を受け入れ、「では、これからどうしたらいいのか」を前向きに考えてみればいいのです。

そこで提案したいのが、本書でお伝えしようとしていること。

親にも子にも多少なりとも読書に対するコンプレックスのようなものがあるとするなら、まずは気持ちを共有し、進むべき方向をともに模索しようという考え方です。とはいっても、決して修行のようにつらく苦しいものであってはいけません。それでは、長く続かないからです。

ということで考えたのは、読書にまつわるもろもろのことをゲーム化するという手段。読めないのは事実なのだから、まずはそれを認め、〝読めないこと〟をゲーム化して笑い飛ばし、〝読む〟という行為に結びつけようという、無理のありすぎる、しかし大きな意味もあるに違いないメソッドです。

大切なのは、〝無理のありすぎるゲーム〟の無理を楽しみ、笑い飛ばすこと。「バカバカしいなあ」と思いながらゲームを楽しんでいたら、いつの間にか読書が楽になっていた、それどころか、読書を習慣化することができていたとしたら、そんなに素敵なことはないじゃないですか。
つまり、そこに本書の意義があるのです。そんな思いがあるからこそ、僕は本書を書いたのです。

ですから、これからはじまる本編は、基本的に〝ネタ〟だと思ってください。でも、その〝ネタ〟のなかに本質があり、ひいてはそれが読書習慣につながっていくのです。そう感じるからこそ、気負うことなく「バカだなー」と（できれば好意的に）笑っていただきながら本書を楽しんでいただければと思います。そして、そこから得た感覚を、読書習慣につなげていただけたなら、それ以上の喜びはありません。

なお、もうひとつの裏テーマが本書にはあります。本や読書を通じて、家族のコミュニケーションを実現しようということ。親子間の交流はなにかとうまくいかないものでもありますが、いろいろ試してみることで〝なにか〟が変わるのだとしたら、それは少なくとも無駄ではないはず。変わらないかもしれないけれど、なにもやらないよりはずっといい。そんな思いがあるからこそ、これをもうひとつのテーマにしようと思い立ったのです。

ともあれ、肩の力を抜いて楽しんでいただければ幸いです。

印南敦史《いんなみあつし》

目次

第2章 ゲーム感覚で読書する家のしくみ 93

第4章　読書をイベント化する　193

第1章

そもそもなぜ読書しないの？

読書習慣はなぜ身につかないのか――子どもは本当に本が苦手？

「子どもが本を読もうとしない」
「良書をすすめても興味を示さない」
「すすめた本を拒否することさえある」

あくまで一例ではありますけども、〝子どもと読書〟という問題についてこういった悩みを抱《かか》えていらっしゃる親御さんも少なくないのでは？

僕も子を持つ親なので、気持ちは痛いほどわかります。「はじめに」にも書きましたけれど、娘にスマホを早く与えすぎてしまったことの弊害《へいがい》を痛感していますし。時間を戻せはしないけど、あれは失敗であった……。

ただ、本を読まない子が増えたからといって、「子どもは本が苦手」と決めつけてしまうのはさすがに無理があるのではないかとも感じています。いまの時代には本以外にも「楽しむ手段」や「時間を潰すための手段」はいくらでもあるので、本を読むという行為があまり魅力《みりょく》的に感じられない可能性はあります。とはいえ、それだけで子どもの読書状況を否定的に捉《とら》えるのはどうかとも思うのです。

そういえば数か月前にブックオフの文庫コーナーを眺めていたとき、ちょっといい光景に出会いました。横にいた数人の男子中学生が夏目漱石《なつめそうせき》のコーナーを指差しながら、「俺はこれを持ってる」「俺、これは読んでないや」というように漱石作品に関する話で盛り上がっていたのです。

楽しそうなその姿を見たとき、「中学生のころ、自分も似たようなことをしたなぁ」と懐かしい気持ちにもなりました。そして、「いまもまだ、こういう子がいたのか」とうれしくなりました。だから思わず声をかけそうになっちゃったんですけど、それをやったら危ないおじさんですね。

しかしまぁそれでも、「いいものを見た」という感じではあったのです。いまはもう、そんな子はいないだろうと心のどこかで決めつけていたから、ことさら感動したのでしょう。でも、よくよく考えてみれば、本が好きな子が世の中から消えてしまったわけではないんですよね。

つまり考え方によっては、僕自身が「読書人口が減った」という情報に毒されてしまっていただけの話。そして、それは多くの方々にもいえることなのではないかと思うのです。

大切なポイントは、(読書人口が〝数字的に減っている〟のは事実だとしても)本を読む人がいなくなったわけではないということ。ましてや、「子どもは本が苦手」などと決めつけてしまうのはナンセンス。ネガティブな側面を強調することって、なんとなく気楽なものでもありますが、このことに関してはあえてポジティブに考えるべきだと思うのです。

子どもたちが決して「本が苦手」ではないということを裏づけるものとして、すぐに思い浮かぶ作品があります。それは、児童書の『かいけつゾロリ』。なにを唐突にと思われるかもしれませんが、ご存じの方も多いはず。そして、「ああ、なるほど」と納得《なっとく》される方もまた多いのではないかと思います。

キツネのゾロリと、弟子で双子のイノシシ(イシシとノシシ)が修行の旅をする物語。1987年に第1作『かいけつゾロリのドラゴンたいじ』が発売されたとき、僕はすでに20

代半ばでした。そのため興味を持つはずもなかったのですけれど、数年前、必要に迫られてこの作品のことを調べたことがあって、その結果、とても驚かされたのです。

驚くべきは、当時から現在にいたるまで、年2回のペースで新作が発表され続けているという事実です。なかには初版50万部を記録したものもあるそうで、出版不況などどこ吹く風といった勢いです。でも実際に確認してみると、子どもに受け入れられる理由がはっきりとわかるんですよね。というよりも、「ここまでやってるのか!」と非常に驚かされたことを覚えています。

なにしろ本の形状をとことん活用し、いたるところにアイデアや仕掛けをちりばめたつくりになっているのです。また、惜《お》し気《げ》もなく特殊印刷を多用しており、迷路や絵探しなどのアイデアも満載《まんさい》。したがって、子どもが(大人も)ワクワクしたって当然です。

また内容にも工夫があり、時々の時事ネタまで盛り込まれていたりもします(たとえば2016年12月発売の『かいけつゾロリの王子さまになるほうほう』には、ドナルド・トランプをモデルにした「なんでもかんでもお金でかいけつする〝ドランプ〟」が登場していました)。

つまりは徹底《てってい》した〝子ども目線〟でつくられているわけで、長く人気を維持していることにも充分納得できるのです。参考までに書き添えておくと、本書執筆時点での最新刊である『かいけつゾロリ きょうふのエイリアン』(2020年12月刊行)は、シリーズ累計68作目。2022年は、35周年ということになります。

重要なポイントは、売れ続けるこのシリーズに、大人のネガティブな偏見《へんけん》を一蹴《いっしゅう》するほどの強い説得力があるということではないでしょうか? なにしろこの時代にも、しっかり売れているのです。ということは、そこに読者がいるということでもあります。

ちなみに2016年に『プレジデント Family』秋号に掲載された「東大生が小学生時代に読んだ本ランキング」において、男子は『かいけつゾロリ』シリーズが『ハリー・ポッター』シリーズを抜いて1位を獲得してもいます(3位は『ダレン・シャン』シリーズ)。

別に東大生だけが特別ということではなく、これは他の子どもにも充分に当てはまる結果だといえる気がします。つまり、「読んでいる子は読んでいるし、読まれている本は読まれている」ということ。状況が状況ですから、本を読む子が少なくなった「ように見える」のも事実ですが、だからといって必ずしも「本を読む子が少なくなった」わけではないのです。これは決して見逃してはいけないポイントだと思います。

『かいけつゾロリ』シリーズの人気が、「子どもは本が苦手」とは限らないことを明らかにしていることは間違いありません。子どもの読書についてつい否定的なことを口にしたくなる大人の気持ちもわかりますが、子どもと本当の接点を増やすために、あえて前向きな部分だけをクローズアップすべきだと思うのです。

優先順位が低くなっただけ

もちろん異論もあるでしょう。たとえば昔から、作品に対して「文学的価値」みたいなものを重視する方は少なくないので、『かいけつゾロリ』は本とは呼べない」みたいなことを主張したがる人がいたとしても不思議ではありません（ゾロリはゾロリなんですけどね）。

でも、僕はそれってナンセンスだと思うのです。簡単なことで、知識などを盾に他の意見を否定するということは、結果的に〝新しい読者〟の入り口を閉ざしてしまうことになるからです。しかし大切なのは、読書人口を増やすこと、とりわけ子どもたちに本の楽しさを理解してもらうことであるはず。しかも否定的な意見は（漠然《ばくぜん》としたイメージとして）伝播《でんぱ》しやすいものでもあるので、そういう論調にはあえて耳を傾けるべきではないとすら感じます。

しかしその一方、ＳＮＳや動画投稿サイトなどのソーシャルメディアやオンラインゲーム、サブスクリプションサービス（以下、サブスク）などのニューメディアと比較して、本の優先順位が低くなったことは事実として認める必要があるとも思います。認めたうえで、「では、どうするべきか？」を考えればいいのです。

そのことを考えるにあたって、ヒントになりそうなものが近年の流行である「ライトノベル（以下、ラノベ）」です。頭の固い人の目には、『かいけつゾロリ』以上に価値がないものと映るかもしれません。しかし、ここには重要なポイントが隠《かく》されているようにも思うのです。当時、なぜ流行っているのか知りたくなって何冊かを読んでみたのですが、その結果、それが少しだけわかった気がしました。

たしかに、ラノベは玉石混交で、手放しで礼賛するのは無理な話だと思います。文学的な完成度に乏しい、稚拙《ちせつ》なものも少なくないのは事実ですから。

ただし見逃すべきでないのは、あのころそれらが売れたという事実です。売れたということは、たとえ一時的にではあっても、幾多《いくた》の競合するメディアよりも優先順位が高まったということです。わかりやすくいえば、使えるお金に限りのある子たちが、ゲームなどではなくラノベを買うことにお金を使ったからこそ、そこにブームができたのです。もちろん、ブームの構造はそれほど単純なものではありません。とはいえ、そういう部分が多少なりともあったことは事実であるわけです。

そんなところからもわかるように、本の優先順位が下がったとはいえ、それは永久に続くものだとは限らないのです。この先、第2のラノベとなるような本が出てくる可能性もあるはずですし、もっと画期的ななにかが登場するかもしれません。ただ現状を憂《うれ》うのではなく、そこに注目すべきです。

ラノベは本当に無意味？

ラノベについて、もう少し書いておきたいと思います。正直なところ、それを全面的に肯定したくはないという感情は僕のなかにも多少はあります。ただ、それでも否定的な気持ちを〝多少〟にとどめておきたいと感じるのは、本に関心を示す〝積極的読者〟の数を増やすために、ラノベにもできることがあると感じるからです。

ラノベの魅力とはなんでしょうか？ シンプルに表現すれば、それは〝わかりやすさ〟だったり〝親しみやすさ〟ではないでしょうか？ 大人がすすめるような文学作品は難しそうだし、ハードルも高い気がする。でもラノベはすぐに読めるし、そこそこおもしろい。

そう感じる子どもたちが多少なりとも存在したからこそ、ラノベは受け入れられたわけです。

しかし、ここで重要なのは「そこそこ」という部分です。辞書に「辛うじて基準に達するか達しないかの程度にとどまる様子」（新明解国語辞典第七版）とあるように、「そこそこ」とは「それなりに」という程度のニュアンスを表したものです。いいかえれば、「どっぷりハマるわけじゃないけれど、それなりに時間潰しにはなるかな」という程度を指すのではないでしょうか？

気楽だからこそ、難しいことを考える必要もなく楽しめるということ。だとすれば、いつか必ず「そこそこ」が物足りなくなってきます。それは、受け手（読者）が成長したことの証であるともいえるでしょう。何冊か読んだ結果、類型的なパターンや底の浅さを見抜けるだけの知識が身につき、だからこそ「そこそこ」では満足できなくなるわけです。「またこのパターンかよ」みたいな感じで。

これは、売れ線のポップ・ミュージックを聴《き》いていたリスナーが、そのわかりやすさにだんだん飽きを感じはじめ、コンセプトや意味性などを持った音楽に惹《ひ》かれていくことに似ているると思います。音楽への入り口はポップ・ミュージックだったのに、いろいろ聴き込んでいくうちに耳が肥《こ》えていき、1年後にはかつて聴いていたポップ・ミュージックを否定するようになった、みたいな話があるじゃないですか。それと同じ。

つまり音楽のリスナーが新しいなにかを探しはじめるのと同じように、ラノベに飽きた読者もなんらかのアクションを起こす可能性があるわけです。

ラノベに物足りなさを感じるようになった自分の欲求を満たしてくれるような、「新たな刺激」を探すようになるということ。それは、その時点で話題になっている新刊かもしれませんし、あるいは世間で知られる名作の類かもしれません。いずれにしても「本を読むこと」の楽しさ、そこから得られる満足感などに期待して、〝次のフェーズ〟に進む可能性があるということです。

その場合、ラノベは「次の世界へ続くドア」としての役割を果たしたことになります。だとすれば、そこには意義があるのではないでしょうか？　僕は万々歳《ばんばんざい》だと思うんですけどね。ラノベにとどまったり、ラノベに飽きて読書そのものへの関心を失ったりするのではなく、次に進もうという意思につながったということになるのですから。

そう考えれば、ラノベもまったく無駄ではない。いや、ラノベに限らず、それがいつしか「次の世界へ続くドア」になっていくのであれば、無駄な本など存在しないということになるのです。

優先順位を上げればいい？

ということは、単純に優先順位を上げることができれば、それで問題は解決するのでしょうか？

ある意味で、それは正解です。しかしその一方、そこまで単純化できることでもないのも事実。本の優先順位は上げるべきだけれども、その前に理解しておくべきこともあるはず。いまの時代においては、優先順位のあり方自体が曖昧《あいまい》になっているとも考えられるからです。

先に挙げた『かいけつゾロリ』の場合、読者である子どもたちがそれを選んだのは、同作の優先順位が上がったからにほかなりません。

「ゲームをしたり、YouTubeで動画を観たりすることも好き。だけど、『かいけつゾロリ』

も読みたい」と判断したからこそ、読まれることになったわけです。そういう意味では、ゲームやYouTube動画よりも優先順位が上がったということです。

しかしそれは、ゲームやYouTube動画に対するニーズが下がったということではありません。極論《きょくろん》をいえば「その時点でたまたま『かいけつゾロリ』の優先順位が上がっただけ」だと考えることもできるのです。

もっとわかりやすくいえば、いま周囲にあるメディア（本、ソーシャルゲーム、YouTube動画、果てはそれらを楽しむデバイスであるスマホなどなど）はすべて、ユーザーにとって不可欠なもの、すなわち「なくすわけにはいかないもの」だということ。すべてが必要なものであり、その時々の事情や気分によって優先順位が変わるだけなのです。

それは、大人である自分に当てはめて考えてみればすぐにわかることだと思います。優先順位が低くなったからといって、きょうからYouTube動画を観ることをやめるとか、ゲームを一切やらないというようなことは（それらが習慣化していればなおさら）非現実的な話ですよね。子どもにとっても、それは同じだということです。

つまり、(子どもも含めた) 私たちを取り巻くコンテンツはすべて、もはや削除しづらいものになっているのです。その時々に応じて優先順位が上がったり下がったりすることがあるとはいえ、「なければ困る」ものになっているということ。

そして、数あるコンテンツのなかから『かいけつゾロリ』を読むことを選んだ場合には、「ゲームもやりたいんだけど、いまは『かいけつゾロリ』を読みたい」という気持ちが優先されたことになるはず。そう感じたからこそ、ゾロリを読むわけです。ラノベにしたって同じです。

したがって大切なのは、すべてのコンテンツの存在を認め、受け入れ、そのなかで「いまは (ゲームをするより) 本を読みたい」と思えるようになる瞬間を増やすこと。それこそが、「優先順位を上げる」ということの本質的な意味なのではないかと考えるわけです。

順番なんてどうでもいい

そういう意味では、「順番なんかどうでもいい」と考えることもできそうです。

「ゲームをしたり、YouTube動画をダラダラ観続けたりするのは時間の無駄。それよりも、同じ時間を読書に費《つい》やしたほうが有意義」

大人は、そう考えたくなるかもしれませんし、それは理にかなった話でもあります。しかし、物事はそう簡単に理屈《りくつ》だけで片づけられないものでもあります。

仮に「1位が読書で、2位がゲームで、3位がYouTube動画で……」というように順番を決めたとしても、そこにあまり意味があるとは思えません。順番を決めれば問題が解決するというものでもありませんし、だいいち大人から「1位は読書」と決めつけられたとしたら、子どもは当然のことながら反発することになるでしょう。その子にとっての優先順位は、その子自身が決めるべきものだからです。大人は（よかれと思って）自分の尺度《しゃくど》で押しつけてしまいがちです。しかし、本当の判断基準は本人のなかにあるべきなのです。

そういう意味では、まずは子どもの〝選択の自由〟を重視するべきではないでしょうか？「決められる」のではなく、「決めさせる」のです。そして「決めるなら本を優先しなさい」というような押しつけをするのではなく、子ども自身が自然に本を優先したくなるような環境や空気感を整えることが大切なのです。

たとえば親がずっとゲームの画面から目を離さないような環境にいるのだとすれば、子どもの関心の大半もゲームに向けられることになるでしょう。YouTubeばかり観ている親が近くにいれば、「自分もYouTubeをもっと観たい」と子どもが感じても当然です。

では、親がいつも本を読んでいるような環境だったとしたら？　いうまでもありませんが、その場合はその子のなかで本のバリューが自然と大きくなっていくと思います。

僕自身がそういう環境に育ったので、そのことははっきりと断言できます。親がいつも本を読んでいたり、その内容を話題にしたり、家に本がたくさんあったりすると、無理なく本や読書に対する関心は高まっていくのです。

ちなみに僕の場合、そんな環境にあっても、「これを読め」と強制されたものは拒否していました。面と向かって「嫌だ」ということこそなかったものの（小心なので）、読むようなふりをして読まなかったのです。なぜって、決めるのは自分だと思っていたから。

いまにして思えばすすめる理由もよくわかるのですけれど、「あのとき読んでおけばよかった」と後悔したとしても、それが自分の選んだことの結果であるなら仕方がないこと。そういう意味では、〝読まない失敗〟をすることも、決して無駄ではない気がします。

そもそも大人は本を読んでる？

さて、ここで大人の読者のみなさんに質問があります。

- この一か月で、何冊の本を読みましたか？
- この一年で、何冊の本を読みましたか？
- 一日の読書時間はどのくらいありますか？
- 今年に入ってから、何冊の本を買いましたか？
- 今年に入ってから、書店に何回足を運びましたか？

よほどの読書家であれば話は別かもしれませんけれど、おそらくはほとんどの方が「うっ……」と答えに詰まってしまったのではないでしょうか？　つまりは大人にとっても、本は〝なんとなく縁遠いメディア〟になってしまっているということです。

ただし見逃すべきでないのは、いま本を読んでいないからといって、その人がもともと「読書嫌い」だったとは限らないということ。「本なんか見たくもねー」という人であれば、それは好みの問題なので仕方がありません。ましてやここで問題視する必要もありませんが、他方には「かつて読書家だったのに、いま読めない」人が多く存在するはずなのです。冒頭でも触れたように、子どもが本を読もうとしないことは大人にとっての大きな悩みです。ところが、大人自身が「読めない現実」に直面しているケースも少なくないため、この問題を突き詰めると、多くの親は矛盾にぶつかることになってしまうのです。

でも、それは本人の能力の問題というよりも、現代社会の弊害であると考えたほうがよさそうです。

これも繰り返しになりますが、社会に出て役割が多くなればなるほど、自分のための時間は少なくなっていくものです。とにかくやることが多すぎ、そればかりか精神的な余裕も失われてしまいがちなので、ちょっと時間ができたとしても「じゃあ、本を読もうか」

という気分にはなりにくい。

ましてやポケットのなかにはスマホがあるので、手持ち無沙汰《ぶさた》になったら無意識のうちに画面を眺めてしまうかもしれません。そして無意識のうちに、一方的に送られてくる情報をなんとなく鵜《う》呑《の》みにしてしまったりもする。そんなペースが日常化したら、本を読む気にならなくたって無理はありません。

つまり多くの人が「読む気はあっても読むことが難しい」環境にいるということで、だとすれば、それは仕方がない話でもあります。ただ、そんな大人の姿が、子どもの目に「矛盾」として映ってしまうことも考えられるでしょう。「読め読めというくせに、自分は読んでいない」と。


部下の動かし方について書かれたビジネス書に目を通してみると、「部下を主体的に動かすためには、まず上司が実際に動かなければならない」というような記述に出会うことがあります。命令するより先に自分で動いている上司の姿を日常的に目にしていれば、部下は命令されるより先に自分から動くようになるという考え方。ある意味では、同じことが、「親と子の読書の関係」にもいえるわけです。

子どもは、親が思っている以上に親のことを観察しているものです。あらを探しているというようなネガティブな意味ではなく、意外なくらいに冷静に、客観的に、親の立ち居振る舞いを見ているということ。子どもを育てる過程で、そのことを強く感じた経験をお持ちの方も多いのではないかと思います。

だからこそ、親が本を読む姿を日常的に目にしていれば、子どもは自分が本を読むことにも抵抗《ていこう》を感じなくなるものなのです。それどころか、そんな親の姿を目にすることで、子どもは「本を読むことにはメリットがありそうだ」ということを、理屈ではなく感覚として理解できるようになるかもしれません。

とはいえ現実問題として、多くの大人が「そんなこと、わかってるよ。でも、読めないし、とはいっても子どもには読んでほしいと思うから、その矛盾に悩まされてるんだよ」と感じているのです。だから困ってしまうわけですが、でも、それは思い詰めるほど深刻《しんこく》な問題ではないと考えることもできます。

親は当然のことながら、「子どもにしっかりとした知識を身につけてもらうために、自らが模範《もはん》とならなくてはいけない」と考えることでしょう。

でも、現実問題として親もまた「読めない」状態にあるのです。だとすれば、できないことをしようとしてもそれは困難。それどころか、無理をしすぎると、どんどん矛盾が生じてしっちゃかめっちゃかになってしまうことも考えられます。だから余計に、「どうしたらいいんだ?」と頭を抱えてしまうわけです。いや、実際は頭を抱えたりしないでしょうが、モヤモヤした気持ちが消えてくれない状態は続くことになるに違いありません。

しかし、それでいいのだと僕は思います。「それだから、いい」とすらいえるかもしれません。ここで意識すべきポイントは「素《す》の自分になる」ことなのですから。親だからって、いいところばかり見せる必要はないのです。

大人も子どもも根っこは同じ

子どもには、読書の大切さを伝えたい。ところが自分はこのところ、どうにも本が読めなくなった——。

そんな悩みを抱えている大人の方々に、ひとつ提案したいことがあります。

親としての役割は大きく、それが子どもの成長に大きな影響を与えることは事実です。しかし、読書に関しては話が別かもしれません。少なくともご自身が読めないのであれば、子どもの模範になろうというような気持ちを捨てたほうがいい。

いま〝読んでいない〟〝読めない〟状態にあることが事実なのだとしたら、それを隠して模範になることなど、うまくいくはずがないのですから。

「それでは、親として模範を示すことができないし、威厳《いげん》を保つこともできないではないか」

そう思われるかもしれません。でも、模範を示したり威厳を保つためには、「その裏づけとなる行動を、自分自身がとれている」ことが必要であるはず。しかし「読んでいないし、読めない」のであれば、必要なものが欠けているということになります。そんな状態で義務や責任を果たそうとしても、どだい無理な話なのです。だいいち、いいところだけを見せているつもりでも、子どもはしっかりと本質を見抜いているものです。

では、どうしたらいいのか？　それは、いまある自分を認め、子どもにもそれを隠さないことではないかと僕は思います。

「実はお父さんも、最近は全然読めなくてさー」
「お母さんも、ずいぶん本を読んでいなくて」

というように、カミングアウトしてしまうのです。本来であれば明かしたくないかもしれない、本当の自分の状態を子どもに伝えるということ。とはいっても、別に深刻に話したりする必要はありません。「読めないんだよね～」というような感じで、〝普通のこと〟として話せばいいだけ。

深刻になれば、それが読書に対するネガティブな感情へつながってしまう可能性もありますし、そもそもそれは〝それだけのこと〟。別に仰々しく受け止めなくてはならないような話ではないのです。

カミングアウトすることには、大きなメリットがあります。それは、「読書が苦手」「うまく読めない」というような思いを共有できるようになること。

親としての威厳が大切な場面もあるでしょうが、この問題に関しては同じ目線に立っていい、いや、同じ目線に立つべきなのです。なぜなら、親も子どもも同じことで悩んでいるのですから。決して難しいことではないはずですし、それができれば、結果的には「大人も子どもも根っこは同じ」だという事実を共有できることになります。

「なんだ、お父さんもお母さんも同じだったのか」

そう感じることができたとしたら、子どもは少し気持ちが楽になるかもしれません。

「お父さんもお母さんも読めているのに、自分にはうまく読むことができない」という気持ちがあったとしたら、当然のことながら読書に対して前向きにはなれないでしょう。

しかし「お父さんもお母さんも読めない」ということがわかれば、心の重荷が外れて楽な気持ちになれるはず。そこで親子で「じゃあ、どうしたらいいのかな?」と話し合い、

「どうやったら読めるようになるのか考えて、いろいろ試してみようよ」と、いろいろなことを〝一緒に〟試してみればいいのです。

本書の目的もそこにあるわけですが、そうやって同じ感覚、同じ悩みを共有し、共同作業をしていけば、やがて突破口が見えてくる可能性も否定できないわけです。仮になかなかそこへたどり着かなかったとしても、〝親子で一緒に模索している〟ことの充実感は味わえるはず。

それは、とても大切なことです。

本以外にも楽しいことはたくさん

僕は朝、目が覚めたらスマホでニュースや天気をチェックします。起きてパソコンを立ち上げたら、SNSも確認します。自分の記事が公開されたことを発信したり、届いているメッセージに目を通したりするのです。また、毎日見ている複数のニュースサイトに目を通し、いくつかのブログを覗いたりもします。

そののち本を読み、原稿を書きはじめることになるわけです。でも集中力はあるほうだと思うので、ついつい集中しすぎて疲れてしまいます。そのため、疲れたら息抜きにお気に入りのYouTube動画を眺めたりもします（ここでつい、ダラダラと時間を浪費《ろうひ》してしまい、軽い自己嫌悪《じこけんお》に陥《おちい》ることも少なくありません）。

それら以外の時間、たとえばパソコンを立ち上げる前とか、気分転換をしたいときなど、日常の生活のなかにちょっとだけ空いた時間にも本を読むことがあります。ところが、そんなときにも、ふと気がつけばスマホでニュースサイトをチェックしていたりすることだってあるのです。

ざっとご紹介したにすぎませんが、作家、書評家という肩書《かたがき》を持っている僕でさえ、本だけを読んでいるとは限らないわけです。もちろん本は大好きですし、仕事で読まなければならないものでもありますが、だからといって本のことしか考えず、本とだけ向き合っているわけではないということ。

でも、それは当然だと思いませんか？　何度も書いてきましたが、いまの時代、楽しいことはいくらだってあるのですから。新聞や本などの紙媒体《ばいたい》しか情報源がなく、それらの優先順位が高かった時代とは違い、いまや僕たちの周囲は楽しいこと、刺激的なことがあふれているのです。

「本が読めない」という問題について悩んでしまうと、つい〝読めない自分〟を責《せ》めてしまいがちです。しかし、これだけ楽しいことがたくさんある時代なのですから、無意識のうちに本以外のなにかに気持ちを持っていかれていたとしても無理はないのです。むしろ、それは当然のこと。

そう考えると、（ちょっと極論ですが）読書のプライオリティをトップに持ってくることは不可能に近いとも考えられます。でも、それでいいのです。繰り返しになりますが、楽しいことはたくさんあるからです。

つまり大切なのは、「まず読書！」と堅苦《かたくる》しく考えることではなく、〝数ある楽しいこと〟のひとつとして本を位置づけることなのではないでしょうか？　そう捉えることができれば本当の共存も難しくはなくなりますし、少しずつ読書の時間を増やしていくなどの実験もしやすくなると思います。修行じゃないんですから、スタートラインはあくまでその程度の軽いものでいいのです。逆に重苦しく考えてしまうと、さらに読書はつらくなっていくかもしれません。

でも、本だって悪くないよ

たったいま、「修行じゃない」と書きましたが、つまり重要なのはそこです。どういうわけか、読書をことさら崇高《すうこう》なものであるように捉える風潮《ふうちょう》は少なからずあるような気がしてならないのです。

本を読むことは正しくて、本を読む人は優秀で、だから本を読まなければならない……とでもいうように。

けれども、本を読むことだけが正しいわけではないし、ましてや本を読む人が必ずしも優秀だとは限らず、「読まなければならない」などという押しつけはナンセンス以外のなにものでもありません。

とはいえ、もしもいい本に出会えてその世界にどっぷりハマることができたとしたらどうでしょう?

理屈でどうこう説明できる問題ではありませんが、少なくともそれはその人にとって、なんらかの楽しい体験になるはずです。あるいは、いままで知らなかったことを知ることができ、好奇心《こうきしん》はさらに広がりを見せていくかもしれません。

この考え方を思いっきり単純化するなら、本を読むことは、ゲームをするのと同じように、SNSをチェックするのと同じように、SNSで友だちとやりとりするのと同じように、マンガを読むのと同じように、エンタテインメントのひとつなのです。いま挙げたようなエンタメ系コンテンツと同じように、楽しめるものだということです。本だけを特別扱いする必要はなく、そうするべきでもなく、他の〝楽しみ〟と同じ目線で捉えていいもの、捉えるべきものなのです。

多くの人は本を、読書という行為を特別なものであると思いすぎているような気がします。もしかしたら、それは日本の国語教育がもたらした弊害なのかもしれません。しかし、必ずしもそうではないのです。

基本的に、本を読むのは楽しいこと。知識がつくとか、ためになるとか、それらはあとづけのメリットにすぎません。娯楽《ごらく》小説であれ、純文学であれ、ましてや学術書であれ、読んだ本人が納得でき、満足できたのであれば、それだけでその読書には価値があるのです。

そして繰り返しになりますが、その価値は他のエンタメ系コンテンツと並列させてもかまわないものだと思います。なぜって、それを楽しむのは自分自身なのですから。自分が楽しめた、納得できたのであれば、他人から「SNSと同列で語るな!」といわれたとしたって、まったく気にならないじゃないですか。いや、気にする必要はないのです。

だけど、本だって悪くない。SNSが楽しいのと同じで、本だって楽しい。優劣をつけられるものではなく、どれも楽しい。そのなかのひとつが本。今後プライオリティが変化していく可能性はあるかもしれませんが、まずはその程度でいればいいのではないでしょうか?

実はみんな本が好き

難しい専門書や学術書を死ぬ思いで読んだ結果、予想以上の満足感を得ることができたとしましょう。「この本のおかげで、まったく未知の世界に足を踏み入れることができた」というように。

一方、いままで本に興味がなく、一冊も読んでこなかった人が、ラノベにハマった結果「本っておもしろいんだな」と思えたとします。その結果、ラノベとは違うジャンルのものにも興味が湧《わ》いてきたということにもなるかもしれません。

学術書とラノベでは、書かれた趣旨《しゅし》も読者層も、あるいは存在価値もまったく別ものです。共通点があるとすれば、活字による紙媒体であるということだけかもしれません。しかし、そうはいっても「学術書は意味があるが、ラノベは無意味だ」などということはいえないと僕は思います。

もちろん両者は比較できるようなものではありませんが、それが本である以上、そこにはなんらかの価値が生まれるはずです。また、それを読んだ人がなんらかの感銘《かんめい》を受けたのであれば、(たとえ世間的には〝駄作〟といわれているものだったとしても)その人にとってその本は意味のあるものであるということになります。

他人がどう評価しようが、自分が「読んでよかった」と思えたのなら、それ以上の説得材料はないということ。ですから、本に対する自分の好み、解釈などは絶対的に尊重《そんちょう》すべきです。人がなんといおうと、自分にとっての読書を大切にすべきだからです。

そして、もうひとつ強調しておきたいことがあります。自分では気がつかないだけで、あるいは忘れてしまっているだけで、いま「最近は本が読めなくてさー」「なんか本を読むのが面倒《めんどう》になっちゃって」というようなことを口にしている人たちであったとしても、実はみんな、多少なりとも本が好きだということです。考えすぎているだけで、これまで生きてきたなかでは、最低でも一冊くらいは「いいな」と思ったものと出会っているはずなのです。

それは、学術書かもしれません。ドキュメンタリーかもしれません。純文学かもしれませんし、童話かもしれません。しかし、ジャンルがなんであろうが、それは無関係。本を読んで、一度でも心が動いたとしたら、そこには全面的な価値があるのです。そして、それこそが「本が好き」という感情の源泉です。

そこを忘れず、忘れているなら思い出し、そして大切にしていただきたいのです。

「実は本が好きなんだな」って。

書店にも図書館にも人はいる

数年前、「はじめに」で触れた『遅読家のための読書術』発売時に取材していただいた際の話です。

タイトルからもわかるように、同書は「読むのが遅い」と悩む方々の背中を押すことを目的とした本です。僕はそこに読書に対しての前向きな意図を込めたつもりだったので、同じように前向きな話をしようと期待を込めて臨みました。

ところがインタビュアーの方からは、いきなりこんなことを聞かれたんですよね。

「いま、大学生の○%は本を読んでいないというデータがあります。このことについてどうお考えですか?」

正直に告白すると、ちょっとカチンときました。そして、少し悲しくなりました。

たしかに「大学生の○%は本を読んでいない」のかもしれませんし、読者人口が減っているということはいまや周知の事実です。でも、そういうことをことさら大きく取り上げたり、大騒ぎしたりするのはいかがなものかと思うわけです。そういう事実があるのは事実だったとしても、ことさらそれを強調することにはなんの意味もないし、まったく建設的ではないと感じたから。

そこで、僕は次のように答えました。

「たしかに読書人口は減っているといわれていますし、データにもその結果は出ているのでしょう。でも、それ以上に目を向けるべきことがあると思うんです。たとえば書店では、多くの人たちが熱心に本を探しています。図書館にもたくさんの人がいますし、マニアックな書店や、ブックオフのような新古書店でも同じです。もちろん人数的には、本が売れていた時代とは比較にならないかもしれません。しかし、それでも人はそこにいる。読書についての現状と将来を考えるのであれば、むしろ、その点にこそ注目すべきなのではないでしょうか」

そのインタビュアーの方はキョトンとしていたので、どこまで真意《しんい》が伝わったかはわかりません。けれど本当に、心の底から僕はそう思うのです。「読まないぞー、売れないぞー」と騒ぐことで状況が改善されるのであれば、僕は率先して騒ぎたいと思います。でも、そんなことはあり得ないし、「いま、そこに人がいる」ことの価値にこそ注目すべきだと信じて疑わないからです。

現状をしっかりと把握《はあく》しないまま「人がいない」と断言するのだとすれば、それは、そこに「いた」人たちを認めていないことになります。でも「読書人口」について考えようとするのなら、まず直視すべきは「いなくなった人（の数）」ではなく、「いま、そこに人がいる」という現実であるはず。

それに、ちょっと感覚的な話ではありますけど、実際に人がいる光景を目の当たりにすると、やはりうれしいものなんですよ。だから僕は、なるべく書店に足を運ぶようにしています。図書館にもよく通っています。もっと行かなければいけないとも思っていますけれど、行けば必ず発見があるからです。

そういえば1年ほど前、近所の図書館が長い改修期間を経てリニューアルオープンしました。見違えるほどきれいに、そして心地よくなったので当然ではあるのですけれど、以来その図書館には、いつ行ってもたくさんの人たちがいます。

小学校高学年くらいの男の子が、立ったまま熱心に昆虫《こんちゅう》の本を読んでいる姿などを見たときには、「やっぱり本っていいよなあ」と改めて感じたものです。

闇雲《やみくも》に否定するよりも、そういう側面に目を向けたほうがずっといいとは思いませんか？

本がなくても生きてはいける（でも）

タワーレコードに、「NO MUSIC, NO LIFE」という有名なコピーがあります。音楽の価値をシンプルに表現した、見事《みごと》な仕事だと思います。

ただ、個人的にはちょっと思うところがあったんですよね。

直訳すれば「音楽がなければ、人生もない」ということになりますが、むしろ僕は「音楽なしでも生きてはいける」と考えたいのです。

「音楽なしでも生きてはいける。でも、音楽があれば、生活がさらに豊かになる」という考え方をしたいということです。

われながら「めんどくさいやっちゃなー」と思いますし、「どっちでもいーじゃん」という反論にも賛同できます。でも、そこまで遠回りして考えてこそ、音楽の本当の価値を理解できるのではないかと思ってしまったりもするのです。その遠回りは無駄ではなく、ときに重要な意味を持つような気がして。

ちなみに、この話にはオチがあるんですけどね。あるときタワーレコードのサイトを確認してみたら、こう書かれていたんですよ。

〝音楽があることで気持ちや生活が豊かになる〟という事を、店頭やオンラインをはじめ全活動を通し、体現していくこと、それがタワーレコード全スタッフのテーマです。

（「TOWER RECORDS ONLINE」より）

早い話、僕が主張する「音楽なしでも生きてはいける」と、意図するところは同じなんですよね。それを知ったとき、あえて「NO MUSIC, NO LIFE」に対して（コッソリと）問題提起をしていた自分が恥ずかしくもなったのでした。

という話はともかく、同じことは本にもいえると思うのです。つまり、タワーレコードのフレーズに当てはめるなら「NO BOOK, NO LIFE」=〝本があることで気持ちや生活が豊かになる〟。僕の主張に重ねるなら、「本がなくても生きてはいける。でも、本があれば、生活がさらに豊かになる」ということ。

そう、本がなくたって、余裕で生きてはいけるんですよ。でも、本があって、本のある日常があって、本を読む習慣があれば、さらに人生は豊かで楽しく、有意義なものになるんです。

なぜって、本は「自分の知らないこと」を教えてくれるから。そればかりか、本を読むことで好奇心も広がっていきます。まったく関心がなかった本をなんとなく読んでみたら、ものすごくおもしろかったとか。その場合は、「興味がないと思い込んでいた自分」の視野を、本が広げてくれたことになるわけです。

つまり、「本がなくても生きてはいけるんだけど、本を読んだら生きるための選択肢が広がった」ということも充分にあり得るわけです。

「僕は（私は）本を読まないんで」

ときどき、聞いてもいないのにわざわざ自分からそんなことを口にする人に出会うことがあります。読まないなら読まないで黙《だま》っていればいいのに、なんでわざわざ口に出すのかなぁと不思議にも思うのですけれど。

でも僕が見る限り、そういうタイプの人は2種類に分けられます。まず最初は、「本を読まない（読めない）」ことに対してコンプレックスを抱いているタイプ。必ずしもそのことに本人が気づいているとは限らないのですが、どうあれ「本は読まない」と公言することで、自分をガードしようとしている（ように見える）わけです。

そしてもうひとつは、純粋に読書体験があまりない人。こういう人は、いろいろな意味で可能性があると感じています。

たとえばもうかなり昔ですが、音楽は大好きだけど本にはまったく興味がないとはっきり断言していた友人に、英国の作家であるニック・ホーンビィの『ハイ・フィデリティ』

を貸したことがありました。

1995年に発表されたこの作品は、ロンドンで中古レコード店を経営する元DJが主人公の物語。日本語版は翻訳《ほんやく》も優れているので、大好きな小説だったのです。そこで、「まぁ、読んでみてよ」と文庫本をプレゼントしたわけです。僕は人に「読め」「聴け」と押しつけることが好きではないのですが、そのときは「あいつなら、絶対にこれは気に入るはずだ」という確信があったんですよね（矛盾は認める）。

さて、彼はどうしたか？　本を受け取ったときには、「めんどくせえなあ」と顔に書いてあるように見えました。が、しばらくして再会したときには非常に興奮していたのです。

「あの本、最高でした」って。

そりゃそうですわ。その作品には、主人公のロンドンっ子っぽいヒネクレ加減が見事に表現されているし、当然ながら音楽の話題も満載。「そうなんだよなー」とうなずきたくなるような話題も多いだけに、そいつがハマらないわけがないという確信があったのです。

あ、参考までに書き添えておくと『ハイ・フィデリティ』はその数年後に映画化もされたのですが、こちらは納得できない仕上がりでした。（登場人物の性格や、音楽に対する考え方などの意味において）舞台は絶対にロンドンでなければいけない物語なのに、なぜかシカゴの話になっていたし、原作に出てくる印象的なエピソードが削除されていたし。というわけで、まだ未体験の方には原作を先に読んでみることをおすすめします。

それはともかく、これこそまさに「本がなくても生きてはいける。でも、本があれば、生活がさらに豊かになる」ということなのです。

ちなみにその友人は、そこをきっかけとして少しずつ本を読むようになったようです。どういうわけか、京極夏彦《きょうごくなつひこ》作品など、ニック・ホーンビィとは似ても似つかない世界に進んで行ったようですが、もし『ハイ・フィデリティ』で読書の楽しさを知ったことがきっかけなのだったとしたら、それはうれしく思います。

ただ、すすめられた作品に感銘を受ければ、必ずしもそれ以降も本にハマるとは限らないんですよね。その一冊で終わってしまうというケースもあるということ。でも、それは「もっと読めよ！」と強制するようなものではなく、本人の選んだ結果なのですから、それはそれで仕方ない、というか尊重すべきだとも思います。読んだ結果として「本はもういいや」と本人が感じたのであれば、本人にとってそれが最良の答えだからです。そのあたりは、ドライに受け止めたほうがいいと考えているわけです。

読書についてのカミングアウト——読めなくても恥ずかしくない

先にも触れたとおり『遅読家のための読書術』は、読書に関する悩みを担当編集者と共有したところから生まれたもので、そんな出発点はとても意義のあるものでもありました。そして実際に本を出してみて、多くの読者の方々から感想やご自身の「読書論」をお聞きした結果、さらに多くのことを学ぶことにもなりました。

読書に対して前向きになれないという人は少なくなく、それが意識的であるか無意識なのかは別としても、「前向きになれないから読めない」という悪循環《あくじゅんかん》に陥っているというケースが非常に多いことに気づいたわけです。

さらにいえばもうひとつわかったのは、そういった方々に共通点があることでした。心のどこかに多少なりとも、「恥ずかしい」という思いを抱えているということ。「読めなくて、恥ずかしい」「読むのが遅くて、恥ずかしい」「読んだはしから忘れてしまって、恥ずかしい」など、いろいろとコンプレックスを抱えていらっしゃる方がとても多いのです。気持ちはわかります。僕だって、似たようなモヤモヤを抱えながら読書生活を送っているのですから。でも、そこがポイントなんですよ。つまり、僕だってモヤモヤしているし、読者のみなさんの多くもモヤモヤしているかもしれない。同じ職場で働くあの人もこの人も、もしかしたら読書家で知られるその人も、みんなそれぞれ読書に関して多少なりとも〝うまくいかない〟思いを抱えているものなのだということです。

コンプレックスを抱いて恥ずかしくなってしまうのは、自分だけが劣っているような気がするからです。

「みんなはスムースに難なく読書できている（だろうと思う）のに、自分だけがうまくいかない（ような気がする）」

そんな思いを漠然と抱いてしまうからこそ、恥ずかしくなってしまうということ。

でも、右の文章の（　）の部分に答えがあると思います。（　）のなかにあることは、ただの推測《すいそく》や思い込みです。にもかかわらず、コンプレックスが肥大化《ひだいか》していくと、なんの根拠《こんきょ》もないそれらもまた肥大化してしまう。その結果、真実とは異なる読書コンプレックスが、まるで真実であるかのように思えてしまうわけです。

ただ、それだけのことなのです。

読めないことも、読むスピードが遅いことも、理解力がないことも、忘れてしまいやすいことも、まったく恥ずかしいことではありません。なぜなら「読めない」「読むスピードが遅い」「理解力がない」「忘れてしまいやすい」のではなく、「読めない（ような気がしている）」「読むスピードが遅い（ような気がしている）」「理解力がない（ような気がしている）」「忘れてしまいやすい（ような気がしている）」にすぎないからです。

そして程度の差こそあれ、みんながみんな同じような思いを抱えているのです。それでいいのです。

読む気にならないのは悪いことじゃない

それからもうひとつ。

「読む気にならない」ときってありませんか？

仕事のため、読みたくもない本を読まなければいけないときとか、無理やり人にすすめられたときなどがそれにあたるかもしれません。

どちらも自分の意思ではなく、他者の思いに比重がかかっているのですから、気が進まなくても当然です。ですから、それらについては「仕方がない」と思っても差し支えはありません。「仕方がない」と思えれば、なんとなく気持ちに踏《ふ》ん切《ぎ》りがつくでしょうし。

でも、本当の意味で厄介《やっかい》なのは、「読みたいという意志があるのに、なんとなく読む気がしない」というケース。

「読みたいのに読む気がしないなんて矛盾している」と思われるかもしれませんが、そもそも人は矛盾の塊《かたまり》です。すべての思いを、理屈で説明できるわけでもありません。

ラーメンを食べようと思っていたのに、カレーの匂いがしてきたからカレーモードになっちゃったとか、そういうことってあるじゃないですか。似たような話で、理屈では割り切れないことはあるものなのです（ちょっとたとえが適切ではなかったかな?）。「読むつもりだったのに、おもしろそうなテレビ番組がはじまった」というようなことは往々《おうおう》にしてあるものです。あるいは「おもしろそうだと期待してたのに、最初の5行を読んだ時点で『無理だ』と感じて読む気が失せた」なんてこともあるでしょう。

繰り返しますが人間なので、そういうことは充分にあり得るのです。ある意味では、それが〝普通〟なのです。

にもかかわらず人は、そういうことがあると自分をつい責めてしまったりもするんですよね。なぜって、理由は明白です。多くの人にとって、「読む気にならないなどということは不謹慎《ふきんしん》であり、あってはならないこと」だからです。

あえて大げさに書いてみましたが、でも、こうして文章化すると、それがいかに無意味なことであるかがわかるのではないでしょうか?　そもそも不謹慎でもなんでもないし、〝あっていいこと〟なのですから。

もし、「読む気にならない」ことが誰かを傷つけるというのであれば話は別です。でも現実的に、そんなことは考えられません。あくまで自分のなかでの問題で、だとすればそれがいいか悪いか、ジャッジする権利は自分自身にあるのです。

それに、「読む気にならない」状態が誰にでも訪れるものだとはいえ、多くの場合それは一過性のものです。直面する悩みで頭のなかがいっぱいになっていたとしたら、本なんか読む気になれないでしょう。本を読むより先に片づけなければならない仕事があるなら、そちらを優先しなければなりません。

しかし、それは気分あるいは状況的な問題であり、一生続くようなものではありません。気分が変わったら、状況が変化したら、そのうちまた〝読書気分〟に頭が切り替わるタイミングが訪れるものなのです。

だからこそ、「読む気にならない」としても焦《あせ》る必要はなく、ましてや自分を責める必要もありません。そのときが〝適切なタイミング〟ではないというだけの話なので、やがてそのタイミングが訪れたとき、そこで本と向き合えばいいのです。

たかが読書、しかも自分のもの

そう考えるからこそ、僕は読者のみなさんに強くお伝えしたいのです。読書は別に崇高なものではなく、「たかが読書だよ」ということ。そして、「その読書は自分のもの」だということ。語弊もあるでしょうが、あえてこの2つは強調したいのです。

理由はいたってシンプルです。「時間をかけすぎてはいけない」「しっかり読み込まなくてはいけない」「すべてを記憶《きおく》しなければいけない」など、重苦しく考えれば考えるほど、読書はどんどんつらいものになっていくからです。しかし、それではまるで修行です。でも、読書は決して修行ではありません。

もちろん、時間をかけずに読み終えることができて、隅《すみ》から隅までしっかり記憶することができるのであれば、それはすばらしいことです。でも、そんなことができる人のほうが少ないので、そこを基準にするべきではないのです。

「時間がかかって当然」「流し読みでもOK」「すべてを記憶する必要はナシ」という感じ

で軽く考えたほうが読書はうまくいくし、だいいち、その読書は自分のためにするものです。

自分が「読みたい」と感じたり、「知りたい、学びたい」と思ったりするから読むのであって、それは絶対的に自分に向けられたもの。他者が介在する余地などなく、〝自分だけのもの〟なのだから、極論をいえば〝常識的な読書スタイル〟とは正反対であってもまったく問題はないのです。それに読み方も感じ方も自由なのだから、〝常識的な読書スタイル〟なんてものがあるはずもないのです。

自分が「これでいい」と確信するのであれば、その読書スタイル、読書ペースを貫けばいい。繰り返しになりますが、誰かのためではなく自分のために読書するのですから。

音楽を聴くとき、そのスタイルは大きく分けて2つありますよね。まず最初が、BGMとして流しておくような〝ライトなスタイル〟。そしてもうひとつは、音楽だけに集中してじっくりと聴き込む〝ディープなスタイル〟。

どちらが〝よりよい聴き方〟なのかとジャッジすることになったとしたら、おそらく尊重されるのは〝ディープなスタイル〟ではないでしょうか？　Ａという作品について意見を聞こうという場合、じっくり聴いてきた人のほうがよりよいことを教えてくれそうですしね。

とはいえ必ずしもそうではなく、聴き流していただけの人が〝感覚的に〟本質をキャッチしているということも充分にあり得ます（ちなみに僕は、音楽に関してはこっちのタイプです）。

同じことで、読書のスタイルも人それぞれ。ものすごい知識と理解力を持った読書家には及ばないとしても、別にかまわないと考えるべきです。なにしろ競争ではないのですし、その読書は（何度でもいいますけれど）自分のためのものなのですから。

「読めない自分」を親子で認め合おう

さて、ここで改めて、読書に関する僕の考え方をまとめてみたいと思います。

- **興味があっても読む気になれない　↓　普通のこと**

- 読んでみたけど、なかなか進まない ↓普通のこと
- 懸命に読むのに、内容が頭に入ってこない ↓よくあること
- 読んだはしから忘れてしまう ↓よくあること
- 人より劣っている気がする ↓考えすぎ
- 読書の仕方が間違っている気がする ↓考えすぎ
- 正しい読書の方法を知りたい ↓正解などない

こんな感じでしょうか。

読む気になれなかったり、読んでもなかなか進まなかったりしたとしても、それは普通のこと。内容が頭に入ってこなかったり、すぐ忘れてしまうのもよくある話。人より劣っているなんてことはあり得ないし、だったらみんな劣っている（それでいいじゃん）。読書の仕方に正解はなく、あるとすれば、いちばん正しいのは自分が心地よい読書法だということ。

つまり、自分だけが劣っていると考えてしまいがちだけれど、実は誰もが似たような思

いを抱えているわけです。そしてそれは、大人も子どもも同じ。大人だから読めるなどということはなく、子どもだから読めるということもなく、ましてや性別も無関係。多かれ少なかれ、みんな読めなかったり、遅かったり、記憶できなかったりする自分にモヤモヤしているのです。


だったら大切なのは、そのモヤモヤを認め合い、共有することなのではないでしょうか?

「実は、こうだったんだよね」

「同じだ」

というように読書コンプレックスを共有できれば、「自分だけが劣っているのではない」ことがわかり、気持ちがぐっと楽になるはず。そしてそうなれれば、読書のハードルもまた、ぐっと下がることになります。


また、「読めない自分」を親子で認め合うことにも大きな意味があると思います。とかく大人は、子どもに対して「手本にならなければならない」と思ってしまいがち。もちろんそれに越したことはありませんけれど、実際のところ、大人だってそこまで完璧ではありません。事実、「読めない」と悩んでいるではないですか。

そこで、まずは「読めない自分」を親子で認め合うべき。そして、「同じなんだね、だったら、読めるようになるための方法を、一緒に考えてみようか」と話し合う。そうすれば、そこが読書の新たなスタートラインになるわけです。

親であろうが子どもであろうが、同じ悩みを抱えているのですから、そこを共有することには大きな意味があるということです。

「読書の悪口」ゲーム

でも、ひとつだけ忘れてはならないことがあります。気持ちを共有するのは有意義なことですが、とはいえあまりシリアスに考えないほうがいいのも事実だということ。


「実はパパも読めないんだ……」

「えっ、そうなの？」

「うん」

「……」

親子でこんな雰囲気を〝共有〟することになったとしたら、ただ雰囲気が暗くなるだけで救いようがありませんよね。お互いに悩みを抱えているのですから、ネガティブな方向に進んでしまったのでは意味がないのです。というよりも、それでは前向きな気持ちになれないのですからリスクが大きすぎます。だいいち、なんの解決にもならないので時間の無駄。

そうではなく、大切なのはともに現実を無理なく受け入れ、そこから前に進めるような、ポジティブな手段を選ぶことです。

では、どうするべきか？

コンプレックス全般にいえることですが、それを克服《こくふく》するための第1段階としてまず大切なのは、モヤモヤした思いを吐《は》き出してしまうことではないでしょうか？

コンプレックスを他者に見せてしまうのは、恥ずかしいものです。いうまでもなく、人に知られたくないところを見せることになってしまうからです。

ましてや相手が家族であれば、余計に気が引けるかもしれませんが、考えてみればそれはナンセンスな話です。そもそも家族は、素《す》っ裸《ぱだか》で話ができる唯一の存在なのですから。一緒に風呂に入れるのに、読書コンプレックスを明かすことはできないなんてことがあるはずがありません。つまり、その恥ずかしさは〝考えすぎ〟でしかないのです。だから、あえて素っ裸になってしまうべきなのです（もちろん精神的に、ね）。

そこで提案したいのが、1つ目のゲーム。本書でご紹介していく数々のゲームの第1段階、すなわちウォーミングアップともいえるかもしれません。

つまり〝読書〟を擬人的にとらえ、悪口をいいまくるのです。

読書ゲーム1 「読書の悪口」ゲーム

考えてみてください。「読めない……」と思い詰めてしまうと、どんどんつらくなっていきますよね。それは、なにが原因でしょうか？　もちろん、読めないからです。いいかえれば、〝読書〟に嫌な思いをさせられているのです。迷惑《めいわく》を被《こうむ》っているのです。

ですから、まずは家族で「〝読書〟の悪口」をいい合いましょう。

〝読書〟を悪者に仕立て上げ、「面倒くさい」「なかなか進まない」「理解できない」「つらい」などなど、自分を苦しめる読書の弊害、ストレスなどを吐き出し合うのです。

1：家族でテーブルを囲み、ジャンケンで順番を決める
2：ひとりずつ順番に、「〝読書〟の悪口」を吐き出す
3：書記を決め、記録をとっておく（録音も可）
4：最終的には、いちばんひどい悪口をいえた人が勝ち（優先的にアイスクリームを食べられるなどの〝賞品〟も用意）

このゲームのポイントは、「いかに開きなおれるか」です。

「読めないんだよ。だから困ってるんだよ。悪い？　でも、読めないんだから仕方ないじゃん！」ってな感じ。

そして、自分を読めない状態に追い詰めている読書に対する悪口を、できるだけ具体的に吐き出すのです。

「読む気はあるのに、いざ読もうとすると、その気にさせないんだよねー、あいつは。本当に迷惑」

「あー、わかるわかる。こっちがせっかく時間をつくってやってるのに、受け入れようとしないんだよな、あいつは」

「そうそう。だいたい、なにかというと難しい表現ばっかり使いたがって偉そうなんだよ」

たとえば、こんな感じ。

バカバカしいと思われるかもしれませんが、これは侮《あなど》ることのできない効果的な手段です。なぜなら、自分自身の内部にあるモヤモヤした要素をすべて吐き出してしまえるのですから。

吐き出してしまえれば、スッキリします。それは老廃物《ろうはいぶつ》や毒素《どくそ》のように、本来ため込んでおくべきではないものを排出するということ。すなわち〝デトックス〟効果があるのです。
それに、こうしてデトックスすると、「これからどうするべきか」のヒントが見えてきます。先ほどの例で考えてみましょう。

1「読む気はあるのに、いざ読もうとすると、その気にさせないんだよねー、あいつは。本当に迷惑」

↓その気にさせない〝読書〟の悪意に負けたくない。そのための策を考えよう

↓音楽を流すとかお茶を用意するとか、読みたくなる環境を整えてみよう

↓家族でテーブルを囲んで読書をする時間をつくるのはどうだろう?

2「あー、わかるわかる。こっちがせっかく時間をつくってやってるのに、受け入れようとしないんだよな、あいつは」

↓せっかく時間をつくったのだから、集中できるように努力しよう

3「そうそう。だいたい、なにかというと難しい表現ばっかり使いたがって偉そうな

んだよ」
→難しい本を読んで頓挫《とんざ》してしまうなら、いっそ読みやすい本からリスタートしてみよう

たとえばこのように、デトックスしてみればいろいろなアイデアが浮かんでくるもの。それらを試してみて、それでもダメならまた次の策を考える。いわば、トライ＆エラーの精神で臨めばいいのです。

読めなくて、なにが悪い？

いうまでもなく、このゲームの根底にある重要なポイントは「読めなくて、なにが悪い？」と反論できる力です。これまで書いてきたように「読めない」は読書人を悩ませる要因ですが、悩むのは「それが悪いこと、劣っていること」であるかのように感じ、思い詰めてしまうから。

しかし、誰だって読む気にならないときはあるものですし、気合を入れて読もうとしても、なんだか気持ちが入らないというようなことも考えられます。読み進めてはみたけれ

ど、内容が頭に入ってこないとか、読んだはしから忘れていくなどということもよくある話。

そう、それらはよくある話なのです。ところが読む人は往々にして、「読書という行為のなかからなにかを得なくてはならない」とでもいうような謎の使命感にとらわれてしまったりするもの。

でも、それは間違った考え方です。

その読書からなにかを得られたとしたら、とてもいい体験をしたことになります。でも同じように、なにも得られなかったとしても、それもまた有効な体験なのです。

それが結果的になにも得られなかった（としか思えない）読書であったとしても、「好みではない」「著者に共感できない」などの理由に行き着くことができます。そしてそれは、「次は同じ失敗をしないようにしよう」という思いにつながっていくはずです。それが大切。

「今回の読書も、またうまくいかなかった……」などと落ち込んだところで、得られるものはなにもありません。でも、どうせ得られないのなら、「読めなかったよ。うまくいかなかった。でも、それだけのことじゃん。同じことを繰り返さないようにすればいいだけの話でさ」と開きなおってしまえば、すべてが丸く収まります。それくらい軽くていい、いや、軽いほうがいいというべきかもしれませんね。

「読書の悪口」後にすべきこと ↓「そこからどうすべきか」を話し合う

繰り返しになりますが、「読書の悪口をいう」このゲームの重要なポイントは「読めなくてなにが悪い？」と開きなおること。「たしかに読めないし、それで困ってもいるけれど、だからといって劣っているわけではない。優劣の問題ではない。ただ、読めないんだからそれだけのこと」と、どっしり構えるべきだということです。

まずは、それが大前提。でも、その先にはさらに重要なことがあります。それは「そこからどうすべきか」を考えること。「悪口をいい合って盛り上がっておしまい」ではなく、悪口をいい合うことは助走段階だということです。

そりゃそうですよね。ただ「嫌いだー!」とワイワイ悪口で盛り上がるだけなら、なんの発展性もないのですから。それだけだと、〝ヘンな家族〟で終わってしまいます。でも、それではお笑いにもなりませんし、そこから続いて〝発展性のある段階〟へと進むことが大きな意味を持つのです。それは、「そこからどうすべきか」を話し合うこと。

最初に、書記役がまとめておいた「悪口→開きなおり」の内容を全員で確認してみます。「読む気はあるのに、進まない」「忘れてしまう」「集中が続かない」など具体的な内容を箇《か》条《じょう》書きにしてプリントし、全員に配るのがよいと思います。そしてとりあえずは全員が、その内容を確認します。

次に、それら具体的な「悪口→開きなおり」の内容(それはすなわち、本人にとっての〝悩み〟だということになります)ひとつひとつについて、「では、この問題を克服するにはどうしたらいいか?」を話し合うのです。話し合うといってもなかなか意見は出にくいものかもしれないので、意見を出した人にはポイントを付与し、あとからなんらかの賞を与えるという仕組みにするといいと思います。

そうやって全員で一丸となり、家族を悩ませる「読書」の悩みをひとつずつ潰していくのです。

ひとりで悩んでひとりで考え続けていたのでは、解決策に行き着くのは難しくなります。自分の視点、自分の価値観だけしか拠りどころがないからです。でも家族という複数人で一緒に考えてみれば、誰かから思いもよらないアイデアが出てくるということも考えられます。


例を挙げましょう。お父さんが、「この本が読めない。読んでもなかなか集中できない」という悩みを抱えていたとします。そのときお父さんの頭のなかは、「読まなければならないのだから、なんとかしなければいけない」という思いでいっぱいになっているかもしれません。

しかし他の家族にとって、それは「お父さんの問題」です。だから、同じ家で暮らしているとはいっても、それなりに客観的にお父さんの状態を判断することができるわけです。

そんなとき娘さんから、「じゃー、それ、読むのやめてみたら？」という意見が出たらどうでしょう？　それは、「読めない」ことで頭がいっぱいになっていたお父さんにはなかった発想かもしれません。だとしたら、それがなんらかの突破口になるわけです。

たとえばこのように、各人の視点や価値観を交えながら話し合えば、本人からすれば思いもよらなかったようなアイデアに行き着く可能性が生まれます。そして、そういうことは、やはり家族で行うことこそが最良なのです。

「読書の悪口」に欠かせないアイテム

ところで「読書の悪口」ゲームをする際に……というよりも、本書でご紹介しているすべてのゲームに欠かせない〝大切なこと〟があります。

ずばり、それは「お茶とＢＧＭ」。

というのはひとつの例であり、お茶の部分を「お父さんはビールでお母さんはお茶、子どもはジュース」ということにしてもかまいません。ＢＧＭに関しては、全員で「これ好き」という気持ちを共有できるものがいいかと思います。

もしかしたら、「なんなんだよそれ？」と激しいツッコミが入ってしまうかもしれませんね。でも、これはとても大切なことです。なぜなら、ゲームをするにあたっては、家族全員で楽しさを共有できる温かでリラックスした雰囲気が不可欠だから。「はじめに」にも書きましたが、ここでご紹介しているゲームの数々は基本的に〝ネタ〟です。つまり、「バカバカしいよねー」と全員で笑いながらそれらを楽しみ、楽しむことによって、「たしかにこう考えてみれば、本についての〝読めない〟っていう問題をクリアにできるかもしれないよね」という気づきを得ることが目的であるわけです。

もちろん真面目にゲームに臨んだってかまわないのですが、でも、ネタにしちゃったほうが気が楽じゃないですか。

だとすれば、〝雰囲気づくり〟は欠かせません。どうせやるなら雰囲気の明るい、家族共通の楽しい時間にしちゃおうという発想です。

したがって、普段の生活での禁止事項を、ゲームのときだけは〝ないもの〟にしてしまいましょう。「飲みすぎてしまうから」ということでお父さんが禁止されているビールもOK。もちろん、お母さんが飲むのもOK。そして「虫歯ができるから」と子どもが普段飲ませてもらえないジュースやコーラもOK。

ゲームの時間を「普段の禁止事項が解除される時間」と位置づければ、おのずとゲームに対するモチベーションも高まるということです。だからこそ、雰囲気づくりは欠かせないわけです。そのためBGMも、みんなが好きで、「そういえばこの曲さぁ」と話題を膨らませられるようなタイプのものがいいと思います。ですから、みんなが静かな音楽を求めているとき、お父さんが趣味の北欧ヘヴィメタルをかけたりするようなことは避けたいところです。

いずれにしても、「読書ゲーム」は読書コンプレックスを乗り越えるための手段であると同時に、家族の時間をよりよいものにするためのツールでもあるということです。

発想を変える――「読書がつらくなるのは、記憶しようとするから。忘れていい読書をしよう」

さて、第2章に進む前に、読書についての僕の基本的な考え方を改めてまとめておきたいと思います。『遅読家のための読書術』や『読んでも読んでも忘れてしまう人のための読書術』を筆頭とする過去の著作でも触れてきた、本と向き合ううえで、読書するうえで忘れていただきたくないことです。

一般的な〝読書本〟とは異なる考え方かもしれませんが、だからこそ、なおさら意識しておいていただきたいのです。

まず最初に強調したいのは、読んだ本の内容を「忘れてもかまわない」という考え方です。そう、忘れちゃっていいのです。

なんてことを書くと、意外だと思われるかもしれませんし、「それでは意味がない」と感じる方もいらっしゃるでしょう。そんな気持ちもわかります。でも、読んだ本の内容を忘れてしまったとしても、それでいいのです。

もちろん、忘れないに越したことはありません。また、世の中には圧倒的な読書能力やそれに付随《ふずい》する記憶力を持った人がいるのも事実です。

しかし、そういう人は例外なのです。例外だから、結果的に目立ってしまうだけのこと。多くの人の場合は基本的に、すべてを記憶することなどは不可能なのです。

なのに、「忘れてしまう自分が劣っているのだ」と自分を追い詰めてしまう人は少なくない。でも、それは間違いです。そんなふうに考えてしまうからこそ、余計に読書がつらくなってしまうのです。それは、できるはずがないことについて自分を責めているのと同じことですから、つらくなったとしても当たり前の話です。

そんなことをしていたってなにも変わらないし、どんどん悪い方向へ進んでしまうだけ。それでは意味がないので、「忘れる」ことを「当然」と考えればいいのです。

だからこそ、声を大にしていいたいと思います。「忘れる人」は、そんな自分をどんどん肯定しましょう！

だいいち、内容の大半を忘れてしまったとしても、その読書の価値が失われるわけではありません。なぜなら、「ほとんど忘れちゃったけど、この部分だけははっきり覚えている」ということはよくあるものだからです。いわば、それこそがその読書の本質です。全体の9割を忘れてしまったとしても、残りの1割が強烈《きょうれつ》に記憶に残り、それが以後の自分に少なからぬ好影響を与えたのだとしたら、その読書は大成功だということです。

「理解する」ことについても同じ。

「忘れないようにしなければならない」という思いと同様に、人はとかく（真面目な人であればあるほど）「読んだ内容はきちんと理解しなければならない」と考えてしまいがちです。

そもそも、多くの場合は自分でお金を出して買った本なのですから、そのように考えたくなるのは仕方がないことでもあるでしょう。やっぱりモトはとりたいですしね。でも残念なことに、人は忘れるべきことは忘れてしまうし、理解できないことはやはり理解できないのです。


それは絶対的な事実であり、とても重要な点です。


理解に関していえば、それは知識や能力の問題でもあります。けれど、必ずしもそれだけが原因ではなく、そもそも、その本と相性が悪いというケースも少なくありません。

これは、人間関係に置き換えてみるとわかりやすいと思います。どこの世界にも、「最初は『気が合いそうだな』と感じたのに、いざつきあってみるとなぜか嚙み合わなかった」

というような相手がいるものですよね。結果的に険悪なムードになってしまったりすることもありますが、多くの場合、それはどちらかの問題というわけではなく、単純に相性が悪いだけのこと。

だとしたら、一度は距離を置いたほうがいいに決まっています。ある程度の時間を置いたら関係が良好になったということもあるでしょうし、それでもうまくいかなかったら、その相手との相性はやはり悪かったのです。

そして同じことは、本との関係にもいえるのです。つまり、どれだけ理解しようとしても、「しっくりこない」本はあるということ。それこそまさに、相性の問題。ですから、そういうときには人間関係と同じようにいったん距離を置き、時間が経ってから改めて考えなおすべきです。

だいいち本の内容は、「記憶しよう」と意気込んだからといって記憶できるものではありません。むしろ、そうやって気を張ってしまうと、記憶できるものも記憶できなくなるかも。

では、どうすればいいのか？

簡単なことです。

「記憶できない」というような無理が生じてしまうのは、本の内容をストック（蓄積）しようとするからです。しかし前述したように、どだいそれは無理な話。

むしろ、ストックよりも有意義なのは「フロー」（流す）させることです。

本を読むとき、その内容を頭のなかにため込もうとせず、シンプルに流す、すなわち「フロー」させるのです。「内容を記憶するぞ！」と意気込まず、ただ流していけばいいということです。

なぜなら、フローさせれば、記憶しようと意気込まなくても、自分にとって必要なこと（記憶すべきこと）は自然と脳に引っかかるものだから。脳内にフックがあって、必要な要素だけがそこに引っかかるとイメージしていただければわかりやすいと思います。その場合、記憶する必要のないことはただ流れていくだけになります。

これは音楽と同じです。たとえばカフェにいるとき、店内に流れていた曲のひとつがすごく気になったというような経験はありませんか？　それまで流れていた他の曲は気にもならなかったのに、その曲だけが引っかかったというように。それどころか、その時点で初めて、BGMが流れていたことに気づいたというケースだってあるかもしれません。

その場合、いままで流れていた（のに気づかなかった）音楽は、その時点での自分にとって必要のなかったものだということになります。必要がないから、流れていくのです。一方、すごく気になった曲は、「その曲について知りたい」と感じた、多少なりとも自分に必要な曲。だから、意識していなくても引っかかるわけです。

もうおわかりですよね。まったく同じことが、本にもいえるのです。これが、僕が提唱《ていしょう》している「フロー・リーディング」です。

すべてを記憶したいと思う気持ちも理解できますが、それは無理な話。だいいち、できないものをなんとかしようとすれば、余計なハードルが増えてしまい、その読書はさらに困難なものになります。

でも、安心してください。「記憶できない！」と焦っていたとしても、本当に必要な箇所は知らず知らずのうちに記憶に残っているものなのです。それが、その読書の本質。無駄を省いた、「コア（核心）」だということです。

まずは、そのことを記憶にとどめておいてください（大丈夫。フローさせておけば記憶には残ります）。そしてそのうえで、第2章へと進むことにしましょう。続いてご紹介するのは、読書をゲーム化するためのさまざまなアイデアです。

第2章

ゲーム感覚で

読書する家のしくみ

読書のすべてを習慣化する

仕事であっても遊びであっても、なんであれ大切なのは「続ける」こと。続ければ道ができるし、続けなければ道はできないからです。とはいえそれは、なかなか難しいことなので困りもの。「先送りをしないための方法」みたいな書籍がたくさん出版されているのも、「続けるのが難しく、ついつい先送りしてしまう」人が多いからにほかなりません。

では、どうすれば続けることができるようになるのでしょうか？　簡単な話で、「習慣化」してしまえばいいわけです。とはいえ理屈としては〝簡単な話〟であったとしても、習慣化を実現すること自体は決して簡単ではありません。「習慣化するための方法」みたいな書籍が同様にたくさん出版されているのも、「習慣化するのが難しく、ついつい先送りしてしまう」人が多いからです。

いや、ウケを狙っているわけではなく、現実的に多くの人がそういった〝モヤモヤの沼〟で溺《おぼ》れかけていることは紛れもない事実なのです。ましてやそれが本書のテーマである「読書」となれば、なおさら沼は深くなってしまうかもしれません。でも、だとしたら、なんとかそこから抜け出す必要があります。

ものすごく単純化して考えると、続けにくいのは「つらいから」です。「続けなくてはいけない」と謎の使命感にとらわれてしまうから、どんどんどんどんつらくなっていくということ。しかも第1章で触れたとおり、真面目な人ほどそうなってしまいがちでもあります。

ただ、ちょっと考えてみてください。自分を追い詰めてしまえば、つらくなったとしても当然じゃないですか。

自分をそこまで追い詰める必要はないのです。なぜって、そもそも修行じゃないのですから。修行どころか、読書は（読む本のタイプにもよるとはいえ）基本的には楽しむべきもの。なのに、必要以上に大げさに考えてしまうからよくないのです。それでは、自分からドツボにハマっておきながら「助けてくれえ！」と大騒ぎしているようなものです。

それではなにも改善されませんし、あまり意味がありません。それどころか、どんどん悪循環に陥ってしまう危険性すらあります。そこで、発想を変えましょう。

まず明確に意識すべきは、「習慣化することは苦しいことではない」という当たり前すぎる（でも気づきにくい、もしくは忘れてしまいがちな）考え方です。習慣化することが苦しいのではなく、苦しいやり方で習慣化しようとするからうまくいかないだけのこと。だとしたら、続けやすい方法を用いればいいのです。

そのためには、続けやすい〝環境づくり〟が不可欠。本を読むことが、「楽しい」「心地よい」「やりがい（読書を続ける充実感）」などにつながるような環境や仕組みをつくればよいということです。

ちなみに、環境や仕組みをつくるにあたり、それを家族で行うことには大きなメリットがあります。個人でやる場合は、自分しかいないのですからできることも限られますし、どうしても視野が狭《せま》くなってしまいます。でも家族で行うとしたら、それも楽しみながら進めていくのだとしたら、それはおのずと「楽しいこと」になっていきます。ここが重要なポイント。

本書で提唱する「読書ゲーム」はその最たるものですが、そこにいたる以前の大前提として「読書すれば得する」仕組みをつくり、家のなかで実践《じっせん》するのです。それは、「本とともに生活するカラクリを醸成《じょうせい》する」とも表現できるかもしれません。

まず前提として設定しておくべき基本は、本を一冊読むごとにポイントがたまるルールをつくること。そして、たまったポイントでプレゼントがもらえる（たとえばジュース1本など）とか、家庭内での権限《けんげん》が増える（お手伝いを一回休めるなど）というように、なんらかのメリットを手にできるようにして〝ゲーム化〟するわけです。

なお、「お手伝いを一回休める」などというと「けしからん！」と怒られそうですが、そういうことも含めて楽しんでしまえばいいのです。家族全員が同じスタートラインに並び、競争しながら「読書ゲーム」を楽しめば、もともとやりたくなかったお手伝いに対する気持ちも変わっていくはずなのですから。

ましてや「ポイントがたまったから休める」というだけでなく、逆にポイントがたまらなかったのだとしたら、「じゃあ、お手伝いをするのは仕方がないな」と納得するしかありません。また、子どもだけではなくお父さんやお母さんが負ける場合もあるのですから、自然と全員の競争意識も高まっていく（＝読書量が増えていく）はず。つまり、ものは考えようなのです。

それから「楽しむ」という意味では、手づくりの「ポイントカード」を利用するのが楽しいと思います。ＳＮＳなどで管理することなどもできるでしょうが、手づくりカードのほうが温かみがあっていいじゃないですか。そんな、ちょっとしたところも楽しめば、家族の絆がより強まって、読書ゲームはさらに充実するはずです。

「親子で一緒に読書習慣」ゲーム

僕はよく、「目が覚めた直後の10分間読書」をしています。目が覚めてすぐには起きず、あえてベッドのなかで10分間だけ本を読むわけです。

よくいわれることですが、起き抜けは頭が冴《さ》えているもの。そのせいか、このわずか10分の読書の効果がなかなか侮れないのです。

読んだ内容は起きたあとも頭に残っていることが多く、続きが気になってしまったりもするため、起きて朝にすべきことを終えてから、仕事の前にまた続きを読むことも少なくありません。それがなかなか楽しい。

つまり「最初の10分間」が、そのあとの読書へとつながっていくこともあるということです。なお、これは僕のように家で仕事をしている人間だけの特権ではありません。通勤をしている方であれば、「目が覚めてから10分間読書」の続きを通勤電車のなかで行うこともできるのでしょうし。つまりは自分の気持ち次第。

こうしたことをしていて、その効果もわかっているからこそ、僕は小中高等学校で実践されている「朝の10分間読書」にも意義を感じています。それは強制された時間かもしれないけれど、10分間を読書に費やすことは決して無駄ではないと実感できるからです。

そこで、ここでは「いっそのこと家族で『10分間読書』をしてみてはどうか」というご提案をしたいと思います。

朝の時間は忙しいので、そんなことをしている暇はないと思われるかもしれませんが、それは単なる言い訳です。なぜなら、いくら忙しいといっても、10分間を捻出《ねんしゅつ》することはそれほど難しくないはずだからです。

ボーッとしている時間を読書にあてるなどの方法もあるでしょうが、いっそのこと生活習慣を変えてしまいましょう。簡単なことで、10分早く起きるのです。

10分早く起きて、洗顔や食事など朝のルーティンをそれぞれ10分ずつずらしていき、家を出る直前に10分のブランクを生み出す。そして、そこを読書時間にするわけです。食後のお茶の時間と組み合わせれば、より自然にその時間を楽しめるかもしれません。

目覚まし時計やスマホの目覚まし機能を利用し、10分後に鳴るまで読書をしましょう。それだけのことですが、頭をリフレッシュさせるためにも効果的だと思います。これは経験則なのですが、朝の短時間読書をしたあとは、なんとなく頭がシャキッとしますからね。仮に気のせいであったとしても、決して無駄にはなりません。

ひとつ、大切なポイントがあります。朝の10分間読書は、家族全員で行うべきだということ。同じテーブルで顔を突き合わせ、でも各人が本に集中するのです。本を通じて、同じ時間を共有するわけです。

ただそれだけのことで、無理に会話をする必要はありません。なにしろ、目的は読書なのですから。でも、そうやって同じことをしていると、知らず知らずのうちに家族の絆は強くなっていくはず。

なお、もうすでにベッドのなかでの「目が覚めた直後の10分間読書」の習慣があるのであれば、それを家族との「10分間読書」につなげることを考えましょう。ベッドで10分読んで起きたあと、家族と一緒にさらに10分読むのです。

そうすれば、20分の読書時間を得ることができます。「忙しい朝に20分も読書時間をつくるなんて無茶すぎる」などとネガティブなことを考えるのではなく、「たしかに〝ベッドのなかで10分〟＋〝家族と10分〟読書ができるなら、なんだかトクした気分だよね！」と考えたほうが建設的ではありませんか。

「どうしても10分間を捻出するのは難しい」というのであれば、まずは5分間読書からはじめてみてはいかがでしょうか？　いくらなんでも、5分間くらいならなんとかなるはず（「なんともならない」というのなら、自分の考えを改めてみるべきです）。

あまり重たく考えず、楽にチャレンジしてみればいいのです。でも何日か続けていけば、すぐに「5分じゃ足りない」と感じるかもしれません。そうなったらしめたもので、「では10分に延長しよう」と前向きに考えていけばいい。それだけのこと。

そしてもうひとつ重要なのは、ここにもゲーム性を取り入れること。一冊読み終えるごとにポイントがつくようにし、月に一度、「今月いちばん多く読んだ人」にポイントを付与するわけです。当然ながらモチベーションも上がるので、効果は抜群だと思います。

読書ゲーム2
「親子で一緒に読書習慣」ゲーム

- 朝に10分間（難しければ最初は5分間でも）読書時間を確保
- タイムキーパーが、10分後に鳴るように目覚まし時計を設定
- 家族全員、テーブルで顔を突き合わせて読書
- 月に一度、「今月いちばん多く読んだ人コンテスト」を開催
- 優勝者はポイントをもらえる

ほしい本リクエスト箱

親が厳しかったので、子どものころの僕はほしいものをあまり買ってもらえませんでした。ただ、ひとつだけ例外だったのが本です。「本なら、いくらでも買ってやる」といわれていたわけで、そのことについては感謝しています。そういう環境で育ったおかげで、本を身近に感じるようになれたのですから。

そして、自分が親になってからふと気づくと、今度は知らず知らずのうちに「本なら、いくらでも買ってやるぞ」と子どもに伝えていたりもしているのです。なんとも不思議なものだなぁと感じますが、同じような方も多いのではないでしょうか？

本は一冊１０００円前後ですから、決して安い買い物ではないかもしれません。でも自分だけの本を手にすると、愛着や満足感、「しっかり読もう」という思いなど、多くのものを得ることができます。ひいてはそれが読書習慣の定着につながっていくことにもなるでしょう。本を購入するお金を惜しむべきでないと感じるのは、そんな理由があるから。

とはいえ、「この本がほしい！」と親に伝えるのが苦手な子もいるに違いありません。僕の場合は、これも読みたい、あれも読みたいとガンガン要求していましたが、むしろそっちのほうが例外かもしれません。しかし、「いいづらい」というだけの理由でほしい本を買ってもらう機会を逃すのだとしたら、それはもったいない話です。

だからこそ、「この本がほしい」ということを伝えさせる手段を用意するべきだと思うのです。そこで、リビングでも玄関でもトイレでもいいでしょうが、家のなかのどこかに「ほしい本リクエスト箱」を設置してみてはいかがでしょうか？

子どもだけではなく親も含め、ほしい本がある場合はその書名や著者名などを紙に書いて入れておくのです。江戸時代、庶民《しょみん》の声を拾うために設置された「目安箱」の本ヴァージョンと考えればいいかもしれません（ヘンなたとえだな）。

読書ゲーム3 ほしい本リクエスト箱

そして月に一回とか二週間に一回くらいのサイクルで集まり、箱を開くのです。各人のほしい本がまとまったら、スマホやパソコンでアマゾン・ドット・コム（以下、アマゾン）などのECサイトにアクセスし、その場ですぐに注文してしまいましょう。

読書を習慣化するためには、もちろん書店に足を運ぶことも重要です。しかしこの場合は、すぐにポチってしまうべき。「買おうかどうしようか?」と悩む時間を挟まず、勢いで買ってしまうことが大切だからです。

ポイントは、家族全員のなかで「買いたい」という気持ちが高まっていること。しかも

「買った」という事実を全員で共有できれば、「買ったけど読まない」という危険は、なくならないにしても減ることになります。〝その場で〟〝全員で〟本を買うということは、〝届いたらそれを読む〟という同じスタートラインにみんなで立つということでもあるのです。

届いた本をどこまで読んだかは、次の家族会議のときに発表し合いましょう。でも、その時点でまだ読み終えていない人がいてもＯＫ。それを非難してはいけません。読めていないことは単なるプロセスであり、そんなことよりも「ほしい本リクエスト箱」を通じて読書習慣をつけることのほうが大切だからです。

それから当然ですが、翌日からまた「ほしい本リクエスト箱」をセットしておくのも忘れずに。そして「そろそろいいかな？」というタイミングになったら、また箱を開け、スマホなどで本を買うのです。そのサイクルが定着したら、きっと楽しみになっていくと思います。

知らない本があったら

話は少しそれますが、「スマホで本を買う」というのは僕が日常的にやっていることでもあります。仕事柄、飲み会の席などで本の話題が出る機会が多いのですが、当然ながら、そこに自分の知らない本が登場することも少なくありません。

そんなときは迷わずスマホを出してアマゾンにアクセスし、「今すぐ買う」ボタンをポチるのです。「カートに入れる」ではなく、「今すぐ買う」を選択することが重要。早い話が、「とりあえずカートに入れておいて、あとから買おうかどうしようか考える」という余地を自分に与えないということです。買うべきか否か、時間が経ってから考えたとしたら、「やっぱりやめておこう」という結果になってしまうことが少なくないから。でも、それではいけないのです。

知らないものである以上、それは普段の自分の視野に入っていない、もしくは視野に入りにくい本だということになります。だとすれば、その機会を逃したら、もう一生、その本に近づく機会が訪れないかもしれません。まさに一期一会。

飲み会である以上は、お酒が入っています。つまりシラフのときよりも、やや気が大きくなっていたりもするわけです。そこで、そんな状態を利用して、勢いで買ってしまうのです。

届いたときにはお酒も抜け、冷静になっていますから、「なんで、こんな本を買っちゃったんだろう」と感じることもあるでしょう。でも、そんな思いすら利用すればいいのです。「買ったものは仕方がない。買った以上は読まなくちゃ」と、いい意味で自分を追い込めばいいという発想。ものは考えようです。

このような理由があり、それは決して無駄ではないという経験的な確信があるからこそ、「勢いでポチる」習慣はぜひ取り入れていただきたいのです。

さて、話を戻しましょう。

借りてきた本公開タイム

読書習慣を定着させるためのもうひとつの方法に、図書館の利用があります。もし、「図書館なんか行かないから」というのであれば、いますぐそんな思いを捨て去ってください。「昔は行ったけどねー」とか「行ってないなー」というように、あたかも自分に関係ないようなことを口にするのもナシです。使えるものは、使ったほうがいいに決まっているからです。迷わず利用してみてください。

しかも、家族で利用することには別のメリットもあります。みんなで図書館に行く道すがらには、なにか話をすることになるでしょう。「おなかすいたよね」とか、どうでもいい話かもしれません。しかし、少なくともそこに数分もしくは数十分の〝会話の時間〟が生まれるわけです。それは話の内容にかかわらず、大切なことだと思います。

家族とはいえ、家にいると話す機会はあるようでないもの。でも、そんな少しの会話時間ができれば、長い目で見て間違いなく〝家族にとってのメリット〟になるからです。

地域にもよりますが、いまの図書館の居心地のよさには無視できないものがあります。民間委託《いたく》となっているところが多いのも理由のひとつなのでしょうか、昔にくらべてずいぶん利便性が高まったように僕は感じています。

たとえば僕の地元にある図書館は1年ほど前にリニューアルされたのですが、訪ねてみて驚きました。広く清潔《せいけつ》でおしゃれで、ずっといたくなるような仕掛けがあちこちに施されていたからです。リニューアル前もクオリティは決して低くなかったのですが、〝いま〟の時代性をしっかり取り入れているように思えました。

カフェ・スペースでお茶を飲みながら本を読んでいたとき、邪魔にならない程度の音量でヒップホップが流れていることに気づいてビックリしたこともあったなー。まさか、図書館でア・トライブ・コールド・クエストという大好きなグループの、しかもやや通好みの楽曲を耳にすることになるとは思ってもいなかったので。

というエピソードからも推測できるように、現代の図書館は意外に〝使える〟のです。ましてや全世代を対象とした環境ですから、家族で読書ゲームをするには最適。もちろん、好きな本を選んでその場で読むのもいいでしょう。でも本を借りて家に戻り、帰宅後に「借りてきた本公開タイム」をつくるのも楽しいと思います。

読書ゲーム4 借りてきた本公開ゲーム

・家族で図書館へ行き、(30分後など) 集合時刻を決めてから散らばる

・各人がそれぞれ、興味のある本を借りる
・集合してからも、選んだ本の話はしないでおく
・帰宅後、みんなで借りてきた本を公開し合い、選んだ理由を家族に明かす

これだけ。ゲームと呼ぶのがはばかられるほどシンプルですが、こんなことを定期的に行うだけで本がぐっと近い存在になり、また、家族間のコミュニケーションも深まっていくはずです。

特定の本を否定しない

親には生きてきた分だけの知識や経験があるので、子どもになにかを伝えようというときには、知らず知らずのうちに自分の尺度に頼ってしまいがちです。

僕も小学生時代、母からいわれたことに何度か抵抗感を覚えたことがあります。たとえば、お小遣いでザ・ドリフターズのギャグのレコードなどを買おうとしたときのこと。「そういうレコードには意味がない。時間が経てば聴かなくなる。買うなら、意味のあるもの

て決めつけるんだ？」って。

似たようなことは何度かあったのですけれど、なにしろこちらは子どもですから、そのたび納得できないという思いを抱え込むことになったのでした。「意味がないって、どうして決めつけるんだ？」って。

いま思えば、母のいわんとしていたことは充分に理解できますし、正しかったとも思えます。ただ、伝え方に問題があったとも感じるのも事実。なぜなら、はなから「意味がない」と決めつけていたから。

意味があるかと問われれば、ドリフのギャグに母がいうような〝意味〟はないのかもしれません。でも、意味がないものにだって価値はあります。しかも、否定するからには、それを納得させるだけの根拠が必要。少なくとも頭ごなしに否定してしまったのでは、子どもといえども納得できないということです。

だから「大人になったら、自分はそういう伝え方をしないようにしよう」と誓ったのですが、それから数十年が経ち、自分の子どもが〝意味がないように思えなくもないCD〟を買おうとしていたときには、どう伝えたらいいものやらと悩んだものでした。やんわりと伝えてみたら抵抗されたため、「まぁ、そりゃそうだよな」と思って譲歩したのですが。

同じことは本にもいえて、たとえ子どもが、親の目から見て「意味のない本」に興味を持っていたとしても、決してそれを否定してはいけないと思います。音楽にしても本にしても、その作品に意味があるかないかは本人が決めること。大人からすれば、それに意味がないことは一目瞭然《いちもくりょうぜん》だったりするものですが、とはいえそういうことは本人が経験して感じるしかないのです。

たとえば聴いたり読んだりした結果、「期待したけど、これはあんまりよくなかったな」というようなことを本人が感じたとしたら、それこそが〝意味〟なのです。その作品自体には意味がなかったかもしれないけれど、失敗体験という意味が生まれるわけなので。

そういう体験をした子は、次から音楽なり本なりを購入する際に、「同じ失敗をしないようにしよう」と考えることになるでしょう。そこが重要なのです。

もちろんそれは、大人の目には遠回りだと映るかもしれません。「だから親のいったとおりだろう」と感じるかもしれません。でも、遠回りに見えるそうした〝無駄な失敗〟は必要なことなのです。

だからこそ、大人からすれば「さすがにそれは違うだろう、レベルが低すぎるだろう」としか思えない本を子どもが選んだとしても、その行為を否定しないでいただきたいと思います。

押しつけない

同じように、親として避けなければならないもうひとつのことが「押しつけ」です。

世の中には多くの「名作」が存在し、それらの多くは早い時期に読んでおくべきものでもあります。たとえば『人間失格』に代表される太宰治《だざいおさむ》作品は、多感な時期に読んでこそ響くもの。太宰作品がどうということをいいたいわけではなく、純粋に、「40歳になってから読んだ場合とは感じ方が異なるからこそ、早い時期に読んでおいたほうがいい」作品は存在するということです。

とはいえ、それだって数々の経験則を持った大人だからできる判断ではあるのです。早い時期に読んでおいたほうがいいことは間違いないかもしれないけれど、子どもの立場からすれば、それは「参考にする」という程度のもの。親や年上の人間だからといって「読まなくてはいけない」「そっちを読むなら先にこれを読んでおくべき」などと、子どもに押しつけをするべきではないと思います。

自分自身が中学生時代、親を含む年上の人たちからそういう押しつけをされ、大きな抵抗感を覚えた経験があるので、なおさらそう感じます。したがって34ページでも触れたように、「読みたいものは自分で決める」という意識を強く持っていたわけです。

その結果、ある程度の時間を経たあと「たしかに早めに読んでおいたほうがよかったな」と感じた作品もいくつかはありました。でも、それ以上に意味があったなと感じるのは、知識のあまりない段階から「自分で選んだ」ことです。

もちろん、なかには「これは失敗だったな」と感じた作品もあっ……たかなぁ？　書いてみて改めて思ったのですけれど、自分で選んだ作品のなかで、読んでみて本当に後悔したと感じたものはあまりなかったような気がします。もしかしたら心のどこかに「せっかく買ったんだから、いいと思おう」という気持ちがあったからなのかもしれません。けれど、そう感じることもまた、経験として大切なのではないでしょうか？

つまり子どもが自分の尺度やイメージだけで選んだ本だったとしても、その選び方にはなんらかの意味があるのです。そして、「自分で選んだ」という事実が、その後の読書体験にもよい影響を与えるのでしょう。

したがって親は、特定の本を押しつけることを〝なるべく〟避けるべきだと思います。〝なるべく〟と書いたのは、それでもすすめるべきものはあるから。でも、すすめるときに「絶対読め！」ではなく、「これ、いいと思うんだよね」というように、〝いい〟という感情を共有するようなアプローチをすることが大切だと考えるわけです。

つまり、〝親と子〟というよりは〝同じ読書人〟としての立場から「これ、よかったよー」という感じですすめてみるべきではないかということです。

読めなくてもＯＫ！

なにしろ大人自身が「読めない」と悩んでいるのですから、子どもが同じような思いを抱えていることだって充分に考えられます。それだけでなく、「どうやら大人だって読めないようだな」と、薄々《うすうす》感づいているかもしれません。もしくは41ページで触れたように、親から「読めない」ことをカミングアウトされ、そのことを知ったというケースもあるでしょう。

そういう意味でも、大人は子どもと同じ目線に立つべきです。「読めない」「読むのが遅い」「覚えられない」など読書に付随する悩みを抱えているという点においては同等なので、「大人だから」ではなく、同じ悩みを共有する関係を大事にすべきだということです。だいいち、同じ目線に立っていたとしても、大人として伝えるべき価値のあるものごとはまだまだたくさん残っています。

そのひとつが、「読めなくてもOKなんだよ」と伝えること。子どもだって読めない以上は、多少なりとも良心の呵責《かしゃく》のようなものを抱えているかもしれません。ですから、それを取っ払う手伝いをしてあげるのです。


まず1つ目。過去の、具体的にいえば子どもと同じくらいの年齢だったころのプライベートな読書体験を〝ただのエピソード〟として語ってみてはいかがでしょうか？　たとえば子どもが図書室から本を借りてきたとしたら、「あ、それ読んでるんだ？　お父さんも昔読んでハマったよ」というように当時の自分のことを話してみたり。

些細《ささい》なことかもしれませんが、親の体験談を聞くことは純粋に楽しいもの。子どもはそこから「そうか、こう考えればいいのか」とヒントをつかむこともできますし、そういう〝小さなこと〟も決して無視できないのです。

同じように、失敗談を語ることにも意味があります。そこから伝えられるのは、「人は失敗する生き物」であるということ。失敗して当然なんだから、いまの読書がうまくいかなくても悩む必要はないと教えることができるわけです。

どんな話でもいいのです。たとえば僕は小学6年生の読書の時間のとき、井上ひさしさんの『ブンとフン』という娯楽小説を読んで爆笑し、クラスの顰蹙《ひんしゅく》を買ったことがありました。とても恥ずかしかったのですが、そのことは自分の子にも話したことがありました。彼らがそれをどう感じたかは知る由もありませんけれど、そういう〝しょーもない話〟だって読書のトピックになるということです。

それからもうひとつ。〝本を買ってもらったときのうれしさ〟を語ることも大切だと思います。「はじめに」でも触れましたが、岩波書店の上製本など、ちょっといい本を与えられたときなどには、なにか特別な感情が自分のなかに芽生えるものです。ですから、なにかの機会に親としてすすめたい本を与え、そういう気持ちの大切さを自分のことばで伝えることも無駄ではないと思います。

総じて大切なのは、「本は難しくもなく、近寄り難《がた》くもなく、楽しいものである」という事実を伝えることです。説教口調ではなく、「自分はこうだった」という体験談や失敗のエピソードを交えながら、家族間の話題のひとつとして本の話を共有する。そして、本の話題が出てくる状況を習慣として定着させる。テレビ番組の話題で盛り上がるのと同じ感覚で、本の話題を語り合えるような環境をつくる。それが大切なのです。

もちろん、そこで強調すべきは「読まなくてはいけない」「読めなくてはいけない」ではなく、「読めなくてもOK」だということ。「読めなくてもOKだけど、読めるようになったらもっと楽しいはずだから、そのための方法を一緒に考えてみない?」というような気楽さです。

読書をゲーム化する

「読めなくてもOKだけど、読めるようになったらもっと楽しい。だから、そのための方法を一緒に考えてみない?」と考えることが大切。

そこまではわかった。けれど、そのためには具体的に、なにをどうすればいいんだろう？

そう感じ、具体的なことを知りたいと感じた方もいらっしゃるのではないでしょうか？そのとおりで、いちばん重要な点はそこです。多くの方は、「どうすべきか」についての具体策が見つからないからこそ困っているのでしょうから。

そして僕が「読書をゲーム化する」ことの重要性を強調したいのも、そこに突破口があると強く感じるから。というわけで、ここではそのことについてご説明したいと思います。

まず最初にお伝えしたいのは、読書は娯楽であるべきだということ。もちろん、専門書と向き合わなければならない研究者とか、仕事のために（読みたくもない）本を読まなければならないビジネスパーソンなどの場合は、いささか事情が異なるかもしれません。

しかし、少なくとも子どもにとっては（あるいは、日々の疲れを読書によって癒《いや》したいという気持ちを持つ大人にとっても）、読書はなんらかの意味で楽しみである必要があるのです。

ただし、ここでいう楽しみとは、娯楽小説のみを指すものではありません。ビジネス書であろうが哲学書であろうが、読む側がそこになんらかの楽しさや充実感を得ることができる、そのことこそが重要だという意味です。なぜならそうした感情が、結果的には「読みたい」「読もう」というフックになっていくからです。

ですから、まずは読書を高尚《こうしょう》なものであると捉えることをやめましょう。繰り返しになりますが、「たかが読書」なのです。しかも、それは「自分のための読書」なのです。苦しい修行ではないのです。むしろ楽しみなのです。

好きな音楽を聴こうというとき、「よし、いまからこの音楽を聴くぞ！　しっかり聴くぞ！　この作品に込められた意味を解読するために、一瞬たりとも聴き漏《も》らさないぞ！」などという面倒なことを考えるでしょうか？　いや、考える人もいるんでしょうね。でも、そういうタイプはごく少数だと思います。なぜなら多くの人にとって、音楽を聴くことは〝心地よい時間〟を過ごすためのもの（であるべき）だからです。

にもかかわらず、いちいちこんな大袈裟《おおげさ》なことを考えて聴いていたんじゃ、かえって疲れちゃうじゃないですか。

読書も同じ。

先にも触れてきたとおり、本を読むという行為は必要以上に大げさに捉えられがちです。「読むからには、〝意義〟を得なければいけない」とでもいうように。

でも、そんなことより大切なのは、読書をより身近なものにすることであるはず。思いっきり極端な書き方をすると、「書かれている内容は、半分くらいしか理解できないや」と思っていたとしても、「だけど、この本を読んでいること自体が心地よいな」と感じるのであれば、その読書には意味があるのです。その心地よさこそが意味なのです。

少なくとも「これから読書を身近なものにしたい」という気持ちがあるのであれば、読書を楽しい行為と位置づけるべきです。それは〝修業〟的な側面を排除するということでもあり、そういう意味では旧来的な、お堅い考え方を一蹴することにもなるでしょう。

わかりやすくいえば、昔気質《むかしかたぎ》の偉い人などから「そんなのは読書の正しい姿勢ではない！　けしからん！」といわれそうなことでも、どんどんやってしまえばいいのです。なぜなら繰り返しているように、「その読書は自分のためのもの」だから。自分が楽しいと感じるのであれば、昔気質の偉い人の考え方なんかどうでもいいのです。

僕が読書のゲーム化を提唱したいのも、そう確信しているからにほかなりません。

これは読書に限らず、いろいろなことにもあてはまりますが、なにかに関心を抱き、それを続けていきたいという場合、なによりも大切なのはその領域に入るための「入り口」です。

そして入り口とは、大きく開かれたものであるべきです。そこで、娯楽性を備えたゲームを「読書習慣へとつながる入り口」として機能させてしまおうという考え方。自分が、子どもが、その入り口からなかへ足を踏み入れることこそが重要なのです。

ですから、「読めない」という悩みを抱えているのだったら、その「読めない」をゲームと紐《ひも》づけてしまいましょう。

いくつかのアイデアをご紹介したいと思います。もちろんこれらがすべてではないし、思いつくことはまだまだありそうです。しかしいずれにしても、こういうちょっとした〝なんてことないこと〟が読書生活をより快適で楽しいものにしてくれるのです。

「読書掲示板」をつくる

なんであれ、習慣を定着させたいのであれば、ひとりで行うことはなかなか難しいもの。なにしろ、頼りになるのは自分の意思力だけなのですから。しかも意思力を持続させることは容易ではなく、自分に対してであればいくらでも言い訳ができます。いや、誰も知らない自分ごとなので、そもそも言い訳する必要すらないかもしれません。

ましてや他人の状況を確認できるわけでもないのですから、基準のようなものを把握しづらくて当然。その結果、「これでいいのだろうか」と不安感ばかりが募っていくことも考えられるわけです。

では、どうしたらいいのか？　この問いに対する答えとしてご提案したいのが、家族全員が参加できる「読書掲示板《けいじばん》」をつくることです。

読書ゲーム5

「読書掲示板」をつくる

メモや写真を貼れるコルクボードを用意して、家族がよく通る場所（リビング、廊下《ろうか》など）に置いておきます。そこを通るときなどに、各人が読んでいる本の書名などを書いたメモや、本の表紙の写真、その他の情報などを好きなように貼りつけるのです。つまり、「その時点での家のなかの読書状況」をコルクボードに集約させるということ。

たとえば、以下のような情報を書き込む習慣をつくってみてはいかがでしょう？

- いま読んでいる本
- ひとこと感想
- 家族におすすめしたい本
- 先週読んだ本の冊数
- 家族へのコメント

・落書き
・本（や、その本に関係する）写真

「いま読んでいる本」は、家族一人ひとりの現状を知るための重要な情報源。それを確認すれば家族の時間に話題を共有することができますし、ひとことだけでも感想が書き込まれていれば、「その本貸して」というように、家族間の交流が深まるかもしれません。

また、読書を続けるなかで、「この本には車の話題がたくさん出てくるから、車好きなお父さんが気に入るかもしれない」とか、「これはバンドのストーリーだから、バンドをやってるお兄ちゃんが好きそう」というように、家族にすすめたくなる本が出てくるかもしれません。そんなときには「お父さんにおすすめ！」というような感じで、その本の書名やあらすじを書いておくという手もあります。

また、先週読んだ本の冊数を書き込んでおけば、家族間に読書に関しての競争意識が生まれることも期待できます。とはいっても強制するものではないので、「先週は一冊も読めなかった」という人がいてもそれはOKとしましょう。あくまで本を媒介したゲームであり、なにかを強制するものではないのですから。

そんなことをしているとコルクボードの盤面はすぐにいっぱいになりますから、週に一回、曜日を決めてまっさらな状態に戻します。そして次の日からまた、みんなで切り貼りするのです。

なお、まっさらにするときに外した前の週のメモや写真は、「〇月〇日〜〇月〇日」というように日にちを書き込んだうえで、スクラップブックにまとめていきましょう。そうすれば、家族の読書プロセスを残しておけるからです。あとから眺めてみれば、それはそれでいい思い出になるはずです。

「スクラップブックが増えていくと、いつか収納《しゅうのう》が大変なことになりそう」という不安があるなら、スマホで写真を撮って、それを家族間で共有するのもいいのではないでしょうか？

iPad を活用する

基本的に読書掲示板は、（先に触れたスクラップブックの利用など）〝手づくり感覚〟を重視したほうがいいと考えます。手間はかかるかもしれませんが、実際に手を動かせばそれが経験となり、より記憶として定着しやすいからです。

ただし問題もあって、なんといってもその最たるものは「時間」です。コルクボードに貼ったものをスクラップブックにまとめるという作業は、子どものころの工作みたいで楽しいもの。しかし、やはり相応の時間がかかってしまうわけです。その〝かかる時間〟を無駄と考えずに楽しむことがとても有意義なのですけれど、「そうはいっても時間がなくて……」という親御さんだっていらっしゃるはず。


だとすれば、それに代わる手段を考えなくてはなりません。せっかくの楽しみが義務的なものになってしまったのでは、意味がありませんからね。

そこで、iPadを活用することを考えてみてはいかがでしょうか？　リビングに置いてあるiPad内のアプリ（エバーノートなど）に読書についてのトピックス（プチ書評、ほしい本のことなど）を自由に書き込めるノートを用意しておき、書きたい人がいつでも書き込めるようにしておくのです。

この場合、書き込まれた文章の内容以上に大きな意味を持つのは、「書き込みたくなる」

気持ちです。読書を通じて家族間のコミュニケーションを深めることが目的なのですから、意味や質がどうという以前に、そのノートを使い倒す姿勢を浸透させるべきだということ。したがって書評や感想文のみならず、読んでいる本の内容からイメージした落書きでもいいのではないかと思います。

重要なのは、家族の読書にまつわるログを残すこと。堅苦しいだけでは長続きしませんし、毎日の習慣として「本のネタをなにか書く」姿勢を尊重すべきなのです。

「好きな本の紹介場」をつくる

「読書掲示板」のところで「家族におすすめしたい本を書き込む」ことをご提案しましたが、これはその発展形。各人が家族にすすめたい本を置いておくスペースをつくるというアイデアです。

おすすめの本を「読書掲示板」に書いておくことは、もちろんコミュニケーションを深めるという意味でも有効。ただ、それだけではイメージがつかみにくいという弊害もあるかもしれません。そこで、リビングの一角などに、各人が家族にすすめたい本を置いておくスペースをつくるのです。

読書ゲーム6 「好きな本の紹介場」をつくる

そこに本を置いた人は、表紙などに「おすすめポイント」を簡潔《かんけつ》にまとめたメモなどを貼っておくとよいでしょう。そのメモや表紙、タイトルなどに興味を持った家族は、置いてある本を自由に持っていって読んでみればいいのです。

普段の自分が読んでいる本は自分の尺度で選んだものですが、そこに並んでいる本は〝家族という他者〟がそれぞれの価値観をもとに推薦しているもの。したがって、自分では選ばないような本と出会える機会が増えるわけです。

自分では選ばない本を読んでみるというのは、視野を広げるためにとても大切なこと。しかし、なにかの機会がない限りできないことでもあるので、このように家族の価値観を参考にすることには大きな意味があると思います。

読んでみて、もし「好みではないいな」と思ったら戻しておけばいいだけの話です（ちなみに「好みではないいな」と感じることも、実は重要なこと）。また、読み終えたら感想文を書かなければならないなどのルールも一切なし。そういう決まりごとをつくってしまうと無駄な使命感が生まれて窮屈になってしまうので、あくまで〝利用できる入り口のひとつ〟として機能させることに徹するのです。もちろん、その本を読んだ人同士で感想を語り合うのもいいでしょう。しかし、それを目的にするべきではないと思います。もっと自由であるべきだからです。

ただ、読んでみて感銘を受けたのであれば、もちろんそれを次の人にすすめることは大歓迎。その際には、自分が参考にしたのと同じような〝おすすめメモ〟を加えておくといいかもしれません。

本棚の一角にギャラリーをつくる

「好きな本の紹介場」と少し似ていますが、本棚の一角にギャラリーをつくるのもいいと思います。

内容はともかく……いや、もちろん内容もいいに越したことはないのですけれど、表紙が素敵な本ってあるじゃないですか。豪華な上製本はもちろんですが、昨今は文庫本の新刊でも、思わず手にとりたくなるような表紙が多くなったように思います。

重要なポイントは、表紙が魅力的だと、それだけでなんとなく読んでみたくなるということ。その作家や作品について知識がなかったとしても、「表紙がいいなあ」と感じたら、「どんな内容なんだろう？」と興味を持つかもしれない。すなわち、それがその本との出会いのきっかけになるということです。知らなかったジャンルだとしたら、それは知識の幅を広げる有意義な出会いだと考えることもできるでしょう。

だとしたら、そんな〝本の見栄え〟を活用したいところですよね。そこで提案したいのが、家のなかにおすすめ本の〝期間限定ギャラリー〟をつくるというアイデア。本棚の一角、もしくはリビングなど家族が集まりやすいスペースの一角に、各人が選んだ〝表紙のい本〟を面出し（表紙が見えるようにして並べること）して、即席ギャラリーをつくるのです。

読書ゲーム7　本棚の一角にギャラリーをつくる

それぞれの好みやセンスが反映されるので、それを見た他の家族は「へー、こんなデザインの本があるのか」と興味を持ち、手にとってみるかもしれません。そして実際に読んでみるということもあり得るでしょうし、逆に、手にとっただけで終わることもあるでしょう。

でも、どのような反応をされるかはたいした問題ではないと思います。もちろん読んでもらえるのが理想ですが、「興味を持って手にとる」ということ自体にも意味があるからです。表紙に惹かれたということは、多少なりとも感性を刺激されたということなのですから。

各人が選んだ10冊前後の本が並んだとしたら、それはきっと魅力的。でも、そんなにスペースがないという場合でも、たとえば家族3人のおすすめ本を一冊ずつ、計3冊並べるだけでも部屋の雰囲気は間違いなく変わります。

そしてもうひとつのポイントは、週に一回程度のサイクルで本を入れ替えること。そうすれば家族の好奇心をさらに高めることができますし、なにより生活空間がより刺激的になるからです。

レイアウトのセンスもよくなっていきそうですね。

おすすめ本を〝わざとらしく面出し〟する

ギャラリー的効果を狙おうという意図がなかったとしても、本を面出ししておくことには相応の効果があるものです。具体的にいえば、「どうしても家族に読んでほしい、いや、読まなくてもいいから、せめて手にとってほしい」と感じる本を、家族の目につきやすい場所に面出ししておくのです。

読書ゲーム8

おすすめ本を〝わざとらしく面出し〟する

実はこれ、僕が実際にやっていることでもあります。いいなあと思った本は、いちばん信頼できる相手である家族にも読んでほしいじゃないですか。とはいえ、これまで書いてきたように「読め」と強制しても意味はありません。それでは、かえって引かれてしまうだけですからね。とはいえ、せめて手にとってほしい。そこで強硬手段に出るのです。

我が家の廊下には本棚があるので、通る家族は必然的にそこに並ぶ本を目にすることになります。なにせ日常の空間ですから、いちいち興味を示すこともなく、ただ並ぶ背表紙を視野の端っこに認めるだけでしょうが、そこにアクセントをつけるわけです。

なるべく家族の目線に近い場所に、おすすめ本を面出ししておくのです。他の本は背表紙だけしか見えないので、その本は必然的に目立つことになります。つまり、手にとってもらえる確率が高まることになる。我ながら涙ぐましい努力だなぁと感じずにはいられませんが、きっと興味はないであろう本を手にとってもらいたいのであれば、それくらいの労力はかける必要があるのではないでしょうか。

さて、その結果、家族は本に目を向けてくれるのでしょうか？　ぶっちゃけ、勝率は1割くらいで、ほとんどの場合は見向きもされません。でも、たまに置いておいたはずの本がなくなっていたりもするのです。で、見ると妻がリビングでその本を読んでいたりする――。たまにしかないことではありますが、そういうときは「してやったり」という心境です（そういう問題かなぁ？）。

バカバカしいと思われるかもしれませんが、そういう無駄にしか思えないようなこともまた、本を通じて家族がつながるきっかけになる（こともある）と思うのです。

なお、まったく興味を持たれず、ずっとそのままになっている本は、ある程度の時間が経ったら回収します（ちょっと寂しいんだけど）。

期待して読んではみたものの、思い描いていた内容とは違っていた。
著者の考え方に共感できなかった。
純粋に、好きになれなかった。

たとえばこのように、「おもしろそうだなと思って読んでみたのに、結果的には失望してしまった」というようなことは決して少なくありません。最初の期待度が高ければ高いほど、そうなったときのショックは大きいものですよね。

だから、そういうときには、ついその本のことを批判《ひはん》的に捉えたりもしてしまいがちです。しかし、それは著者のせいでも、ましてや読者のせいでもありません。端的にいえば、たまたま両者の思いが合致しなかっただけの話。それだけのこと。

先に触れたように、本と読者との関係は人間関係と同じなのです。どちらが正しくてどちらが間違っているということではなく、相性の善《よ》し悪《あ》しも影響するということ。ですから読んでみた結果、「失敗したー」と感じることは残念ながらあるわけです。

でも失敗したと感じたら、その本を手放したくなるかもしれません。気に入らなかったのですから仕方がありませんが、そこで一歩踏みとどまっていただきたいというのが、この「挫折した本の墓場をつくる」というアイデアの根底にある考え方。

内容的に問題がある本だというならまだしも、もし好みの問題だったとしたら、他の人にとっては魅力的だということもあり得ます。必ずしも、「この本は好きではない」という自分の主観だけが真実ではないのですから。そこで、各人が挫折した本を一箇所に集め、家族の他の人にすすめてみるのです。

読書ゲーム9 「挫折した本の墓場」をつくる

「自分にこの本は合いませんでした。よって〝挫折した本の墓場〟に置いておきます。手にとってみて、もし『これはいい』とか『自分には合っていそう』だと感じたなら、ぜひ墓場から救ってあげてください」

墓場の目立つ場所に、そんなメッセージを掲げておいてもいいかもしれません。

たとえばお母さんが、〝読んではみたけど挫折した本〟をそこに置いておいたとします。でも、娘さんがそれをなんとなく読んでみたら、「なかなかいい本なんじゃない?」と感じた――そんなこともあり得るわけです。

そうなったらチャンス! お母さんと娘さんをはじめ家族全員で集まり、その本について語り合うのです。もちろんガイド役は、その本をいいと感じた娘さんです。感想文を書いて見せるのでもいいでしょうし、ことばで伝えるという手もありますが、その場で娘さんは、その本を読んで感じたことを発表するわけです。

さて、それを受けて読んでみた結果、お父さんが娘さんの意見に共感しました。ところがお兄さんは、お母さんと同じようにその本のことを好きになれませんでした。困りましたね。

そこで今度は全員で、「なぜ好きだと思ったか」「なぜ好きになれなかったか」など、各人の意見を発表し合ってみましょう。でも、これはバトルではありませんから、あくまで発表し合うだけ。「意見はいろいろだから、答えはない」という前提で話し合うということです。

そうすれば必然的に、「さまざまな捉え方が存在する」ということがわかってきます。いいかえれば家族は、一度は〝挫折した本の墓場〟に落ちてしまった本を通して、意見や考え方の多様性を学ぶことができるということです。

なお、仮に全員がその本のことを否定的に感じたとしても、それにはそれで意味があります。「どうして全員が肯定できないのか」ということについて、全員で深掘りすることができるからです。

いずれにしてもそこまですれば、墓場に落ちてしまった本もきっと成仏できるのではないでしょうか？

Zoomで「家族読書会」

ここまで読んでいただければおわかりかと思いますが、読書をゲーム化する際のポイントは家族間の交流です。同じ体験を共有することによって読書に対する好奇心を高めていこうという発想なのです。

とはいえ現実的には、避けて通れない大きな問題に直面してしまうことも考えられます。子どもが小さい場合ならともかく、思春《ししゅんき》期以降であると「全員で集まり、本や読書について語り合う」ということに抵抗感を示す可能性は大いにあるわけです。

話をすること自体を拒否しないまでも、「わざわざ集まって、顔を突き合わせながらワイワイ話す」ことには簡単に同意してくれない可能性も少なくないということ。ある意味で、まったく抵抗しないことのほうが不自然ではあるので、それは仕方がないことでもあるでしょう。

でも、顔を突き合わせることを拒否されたとしても、諦《あきら》めるにはまだ早そうです。頭を使ってアイデアを提案すれば、それに興味を持ってくれる可能性も多少は残されているからです。

同じ場所に集まり、家族の存在を至近《しきん》距離で感じながら話をするのは嫌だというのなら、それ自体をゲーム化してしまえばいいのです。

そういう意味で僕が提案したいのは、Zoom上での読書会です。家族全員が集まるのが恥ずかしいのであれば、子ども部屋や書斎、リビングなど、各人が家のなかのそれぞれの場所に散らばり、Zoom上で読書会を開こうという発想です。

読書ゲーム10 Zoomで「家族読書会」

「同じ家のなかにいるのに、そんな手間のかかることをするのは無駄だ」とお感じになるでしょうか？　でも、本当にそれは無駄でしょうか？

子どものころ、雨の日など外で遊べないときに、家のなかでかくれんぼをしたことはありませんか？　外で遊べないのだったら、家のなかで遊ぼうという発想。限られた空間ですから、隠れることのできる場所なんてたかが知れていますけれど、だからこそ楽しかったのではないでしょうか？　感覚としては、その考え方に近いと思います。

僕も経験がありますが、Zoomを通じて人と話すと、なにか特別なことをしているような、不思議なスペシャル感が生まれるものです（一時期、〝Zoom飲み会〟が話題になったのも、きっとそのせい）。それは、Zoom上での読書会についても同じ。行為としては〝ヘンなこと〟ですが、ヘンなことだからこそイベント感が生まれるわけです（ここが重要）。そのため、日常生活では本のことについてなど語ってくれない子でも、Zoom経由でなら思いを語ってくれるかもしれません。

しかも、いつもと違う状況は「いつもと違う」という感覚に直結するため、多少なりとも人を饒舌《じょうぜつ》にするはず。飲み物やおつまみ、お菓子などを用意して、「家庭内Zoom飲み会＋読書会」という形態にしても楽しいかもしれません。

それなら、無理なく継続することができそうです。

第3章

親子で楽しむ読書ゲーム

読書プレゼン大会

この章では引き続き、読書ゲームのバリエーションを考えてみたいと思います。ポイントは頭を柔軟にして思考の幅を広げることですが、前章でも触れたとおり、思春期周辺の子どもは対面でのコミュニケーションを避けたがるものでもあります。早い話が、「ゲーム？　いや、そういうのいいから」という感じで拒否されてしまう可能性だって否定できないわけです。

とはいえ、「ああ、そうですか」と諦めてしまうのもシャクじゃないですか。それではもったいないし、「親がウゼー」と思われてしまうかもしれないけれど、そもそも親はうるさくてウザい存在なのです。だから堂々としているべきなのです。

そこで、「ウザくてごめんよ」とばかりに開きなおり、できる限りの手を尽くしてみましょう。楽しんだもん勝ちです。勝ち負けの問題じゃないけど。

たとえばゲームをしようといったとき、子どもが「わざわざ顔を突き合わせるのはちょっと……」と躊躇《ちゅうちょ》するのであれば、前章でご紹介した「Zoom 読書会」のメソッドを応用してみるのもいいかと思います。

Zoom読書会は、日常とはかけ離れた発想がもとになったものです。普通に考えれば、わざわざZoomを通す必要なんかないわけですからね。したがって、あえてそれをやろうとすると、少なからず、あたかもイベントのようなムードが生まれることになります。難しいことを考えず、そこを楽しめばいいということです。

しかもそこに「お父さんやお母さんが部屋まで飲み物とお菓子をデリバリーするサービス」などの付加価値をつければ、「なんだこれ？　変なの」ってな感じで多少なりともおもしろさを感じてくれる可能性が生まれるかもしれません。逆に不発に終わるかもしれませんけれど、それでもいいのです。ゲームなんだから。無駄を承知で手段やアイデアを駆使し、〝家族内イベント〟としての楽しさを次々と提案しまくり、提案する側もそれを楽しんでしまえばいい。それだけのこと。

成功しないということだって考えられます。でも、なにもしないで「子どもが本を読まなくて困ってる」と愚痴るよりは、よっぽどいいと思いませんか？　最終的な答えがひとつしかないのなら、そこへ向かうまでのプロセスを楽しんでしまうべきです。やがてそれは、家族としてのつながりに好影響を与えるはずです。

キーワードは「バカバカしさ」と「ゲーム感覚」、これに尽きます。バカバカしいなどと聞くと抵抗を示されるかもしれませんけれど、バカなことや無駄なことを本気でやる人は強烈にかっこいいものです。なんの世界でもそういう突き抜けた人は一目《いちもく》置かれますし、その方向性から学べるものは少なくありません。

「読書ゲームとか、本気でバカなこと考えてる」
「しかも、こっちが引いても全然めげる様子がない」
「むしろ、親自身がいちばんおもしろがってるように見える」

抵抗する子どもから、こんなふうに思われたらしめたもの。「どのみちうまくいかないものだ」と認めたうえで、「どうすれば、家族みんなで読書を楽しめるか」ということについてできることを（たとえ、それがくだらないことでも）とことんやるべきなのです。
だって、そのほうが断然おもしろいじゃないですか。というところで「思春期問題」は置いておき、先に進むことにしましょう。

本書の根底にあるのは、「家族全員で読書の楽しさを共有したい」という思いです。そんなの無理だと思われるかもしれませんし、できることは限られているかもしれません。でも、少なくともその〝できること〟をすることだけは無駄ではないはず。そう考えているわけです。

だとすれば、〝好きな本の魅力を家族に伝える仕組み〟を考えればいいのです。そこでおすすめしたいのが、「読書プレゼン大会」。単純な話で、一人ひとりが順番に、気に入っている本のことを家族にプレゼンテーション（以下、プレゼン）するわけです。気乗りしない思春期のお兄ちゃんだって、「ビジネスマンとして社会に出てからはプレゼンの機会も増えるんだから、そのための勉強にもなるよ」と伝えれば、渋々でも応じてくれるかもしれません。

しかも思春期のお兄ちゃんに限らず、ましてや家族といえども、本に対する好みはそれぞれ違うものです。必ずしも自分が好きな本に関心を抱いてくれるとは限らないので、仕事の現場と大差ないプレゼン能力が求められることになるわけです。そういう意味でも、読書プレゼンには単なるゲームを超えた意義があるのではないかと思います。

ただし、そうはいってもあくまでゲームとして楽しむことをお忘れなく。義務のようなニュアンスがついてしまうと、途端に楽しくなくなるからです。そこで、先にご紹介した「親子で一緒に読書習慣」ゲームなどと同じように、優秀なプレゼンをした人にはポイントがつくなどの付加価値を盛り込みましょう。

プレゼンといっても、何十枚もあるようなプレゼン資料とか、大きなプレゼンボードを用意しなければならないわけではありません。家族に「読んでみようかな」と思わせることが目的なのですから、あくまでも自分のやり方で伝えればいいだけのこと。

まず最初にやってみたいのは、基本的なプレゼン。自分のことばで聴衆（といっても家族）を納得させるという、いちばんオーソドックスなスタイルです。

読書ゲーム11 読書プレゼン大会

【ポイント】

- 表現方法は自由
- ただし既存の書評などに頼ることなく、自分のことばで魅力を伝える
- 聴き手が飽きないように、時間配分も考慮

【伝えるべき内容】

1：どんな本なのかに関する簡単な説明
2：ストーリーや大まかな内容など
3：自分にとって印象的だった部分
4：読んだ結果、自分がどう変わったか
5：読んだ人が得られるメリット
6：デメリットがあればデメリットも

なにより重要なのは、「家族に興味を持たせるためには、どうしたらいいか？」という観点で読書プレゼンを俯瞰《ふかん》すること。だからこそ分厚い資料なんか必要ないわけですが、逆

に「この本の魅力を訴えかけるためには、100ページの資料が必要だ」というのであれば、それでもかまわないでしょう。100ページの資料を読ませるんだったら、その本自体を読ませたほうが早いんですけど、それはあくまで一例。読ませるためには、手段は選ばない（危ない意味ではなくて、ね）ということです。

ただ、その本のことを好きすぎて熱が入りすぎた場合、だらだら話し続けたり、必要以上に時間をかけたりしてしまうことも考えられます。でも、それではメリットもデメリットになってしまうので、その点には注意が必要。

伝える内容としては、当然のことながら1がスタートライン。「どんな内容なのか」（これからはじまるプレゼンはどんなものなのか）を簡潔に伝えるということです。

そして重要なのは、〝簡潔に〟という部分。最終的には実際に読んでもらいたいのですから、どんな内容なのか、大まかなことだけを伝えればいいのです。したがってプレゼンの流れによっては、2は省くことができるでしょう。

一方、3と4は絶対に欠かせない部分。これは僕が書いている書評にも当てはまることですが、その作品のことを伝えようというときには、あらすじや世間的な評価などよりも、

「読んで感銘を受けたその個人がどう感じ、そこからなにを得たか」のほうが重要な意味を持つからです。

情報的なことは、検索すればいくらでも見つけられます。でも極端な話、世間では酷評《こくひょう》されているものだったとしても、その人にとっては名作かもしれない。だとしたら、「名作である理由」を堂々と主張すべき。これはとても大切なことです。

そして、本人がそこまで入れ込んだ作品であるなら、読むことによって得られるメリット、もしくはデメリットについても語ることができるかもしれません。その場合、実際に読んだ経験が軸になっているのですから、相応の説得力がつくでしょう。

さて、ここまでお読みになって気づいたことがあると思います。この読書プレゼンのいくつかの部分は、ビジネスシーンの一般的なプレゼンにも当てはまるものだということ。読書プレゼンの場合、重要なのは「自分がどう感じたか」という主観です。そのため3、4はビジネス向きではありませんが、それでもプレゼンの勉強になることは事実。そういう意味では、将来のためになると前向きに考えることはできそうです。

なお、これからご紹介していく他のプレゼンにもいえることですが、優勝者は賞品がもらえるような仕掛けは用意しておきましょう。ただし競《きそ》うことが目的ではなく、ましてや「優勝」といっても家族内で差をつけるのは適切ではないので、（残念賞など）最終的には全員に賞品が行きわたるようにすべきです。

- 優　勝：ビールもしくはジュース（おつまみつき）＋図書カード1000円分
- 準優勝：ビールもしくはジュース（おつまみなし）＋図書カード500円分
- 努力賞：図書カード1000円分
- 残念賞：図書カード500円分

たとえば、こんな感じで（あくまでも一例ですよ）。

イラストやコラージュでプレゼン

話すのが苦手で、「相手が家族といえども、ことばだけでプレゼンするなんて無理！」という場合は、「イラスト」や「コラージュ」でプレゼンするという手もあります。イラストとコラージュを中心に据え、ことばによる説明は、その補足程度に抑えるというイメージ。それなら、過度なプレッシャーを抱えずにすむのではないでしょうか？

とはいっても、専門的なテクニックは必要ありません。大切なのは楽しむことなので、落書きとか切り貼り遊びのような感覚でいいのです。そのくらいゆるい気持ちで臨んだほうが、観る側も気楽ではないかと思います。

決まりのようなものがあるとすれば、「本の魅力が伝わるように意識する」ことのみ。プレゼンですからその点だけは重要ですが、逆にいえば、そこさえクリアできれば、あとはなにをやってもＯＫ。好きなものを、好きなように描き、好きなように貼ればいいだけです。

イラストやコラージュでプレゼンしようという場合には、２つの手段が考えられます。まずは紙に描いて貼るというオーソドックスなスタイル。そしてもうひとつは、iPadに代表されるデジタルツールを利用するという方法です。もちろんお好きなほうを選べばいいのですけれど、個人的には前者を強くすすめたいと思います。

なぜならこれは、家族で楽しむ〝プレゼンという遊び〟だから。遊びである以上は、必ずしもプレゼン資料としての完成度を突き詰める必要はなし。むしろ期待したいのは、そのプレゼンを通じて家族みんなが温かい気分になれること。ですから、手を使って紙に表現するという人間味を大切にしたいと考えるわけです。そこで本書では、基本的に手描きを重視することにします。

読書ゲーム12 イラストやコラージュでプレゼン

【用意するもの】
紙、筆記用具（鉛筆、ペン、マーカー、絵の具など自由に）、貼りたいもの（写真、切り抜きなど）、糊やセロハンテープなど貼りたいものを貼りつけるための道具など

まず、なんのために作品をつくるか、目的を改めて意識してみてください。もちろん、

プレゼン対象となる本はすぐ手に届くところに置いておきましょう。

そこまでの準備が整ったら、あとは思いつきを重視し、紙にイラストや、自分の思いを綴った文字、本文中の印象的な台詞などをランダムに書き殴ったり、その本に関連する写真などを貼ったりすればいいのです。いっそ、その本の表紙を貼ってしまう……のはもったいないので表紙のカラーコピーを貼ってみるのもいいかもしれません。

次のページに、僕が先日書評した椿進『超加速経済アフリカ』（東洋経済新報社）のコラージュを掲載しますので、サンプルとしてご覧ください。

重要なのは、あまり余計なことを考えないこと。感覚を重視し、紙いっぱいに、自分が考えるその作品の世界をつくり上げることが大切なのです。つまりイラストというよりも、「イラストも盛り込んだ、その本に関するコラージュ」と考えたほうがいいと思います。

大きさにも制限はなく、基本的には描きやすいサイズの紙に描けばＯＫ。でも、できれば大きめがいいと思います。たとえば、ロールタイプの模造紙の端から描きはじめ、描きたいだけ描き続けるというのも楽しいかも。なぜならそのくらい自由度が高いほうが、つ

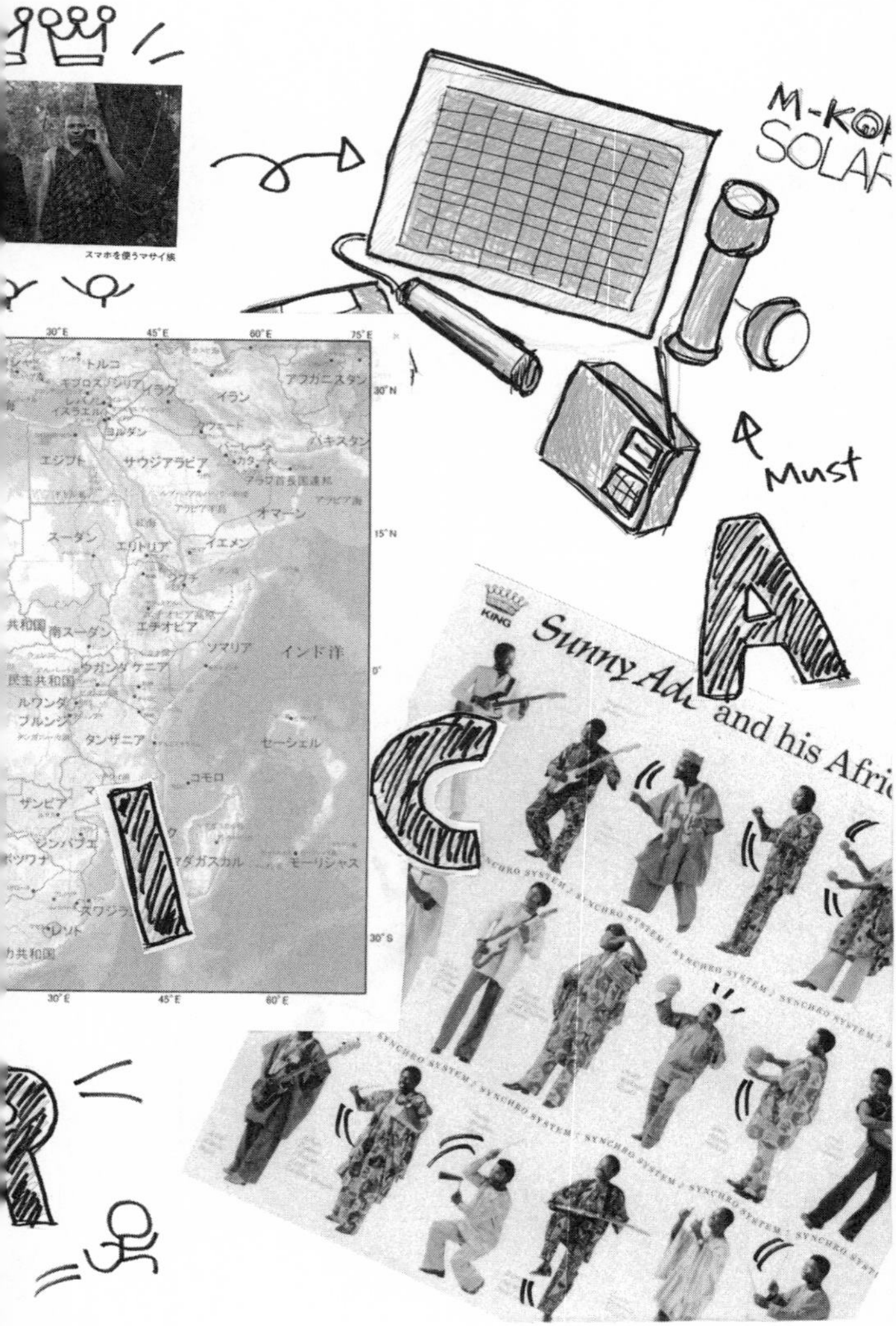

M-KO
SOLAR
& Must
KING
Sunny Ade
and his Afri
SYNCHRO SYSTEM
30°E
45°E
60°E
75°E
30°N
15°N
0°
30°S
トルコ
キプロス
シリア
イラク
イラン
アフガニスタン
イスラエル
ヨルダン
パキスタン
エジプト
サウジアラビア
カタール
アラブ首長国連邦
オマーン
スーダン
エリトリア
イエメン
ジブチ
南スーダン
エチオピア
ソマリア
インド洋
ウガンダ
ケニア
ルワンダ
ブルンジ
タンザニア
セーシェル
コモロ
ザンビア
ジンバブエ
マダガスカル
モーリシャス
スワジランド
レソト

スマホを使うマサイ族

図1　著者作成のコラージュ

まりは制約から解き放たれたほうが、表現したいことをより自由に表現できるからです。

また、紙ではなく絵画用のキャンバスを利用するという手もあります。その場合はできあがった作品を額装し、コラージュ作品として飾るのもいいでしょう。冗談でもなんでもなく、完成度の高いコラージュ作品は、ましてや家族の思いが詰まったものであればなおさら、鑑賞にたえるものであるはずだからです。


いずれにしても、そうやって思いつくまま描いたり貼ったりしていれば、その過程でいろいろなことを考えることになります。そして作業をする過程で「あ、プレゼンではこれも伝えたいな」というような思いつきがあるかもしれません。そうすれば、ますますしめたもの。「これも伝えたい」「あれも伝えたい」と思いを巡らせながら描くこと、コラージュすることを楽しめば、実際のプレゼンはさらに魅力的なものになるはずだからです。

「自分が楽しめなければ、人に伝わるはずがない」などという話をよく聞きますが、たしかに作品を通じてなにかを伝えたいときには、本人が納得して楽しむことが重要。その一方、「芸術家は、死ぬまで納得できる作品はつくれないものだ」というような考え方もありますけれど、これはあくまでゲームです。だとしたら〝楽しんだもん勝ち〟に決まっています。そう割り切って楽しめばプレゼン自体も楽しいものになるでしょうし、それを聞いている家族も納得し、その本を「読んでみようかな」という気持ちになってくれる可能性も大きくなります。

できあがった作品は残しておきたいところですが、スペースの問題などで保存しておけないということであれば、写真を撮っておきましょう。

なお先に触れたようにここでは手描きを重視していますが、もちろんそれは iPad などのデジタルツールを否定したいという意味ではありません。

たとえば、プレゼン用アプリの「Keynote」をアクティブに利用できれば、従来の常識を覆すような〝家庭内プレゼン〟ができます。全員のスマホに Keynote を入れておけば、プロジェクターのような大げさなツールがなくても各人のスマホでスライドを見ることが可能になるわけです。そういう意味では、家族でのプレゼン大会に適しているとも考えられます。

あるいは単純に、紙に描いたものを取り込んで iPad 上で見せながら、その場で新たなイラストを描き加えるということもできるでしょう。

マインドマップでプレゼン

「この本いいな」と感じたとしても、その魅力を言語化して他者に伝えることはなかなか難しいものです。内容、共感できた部分、伝えたいことなど、その本に関するさまざまな事柄を頭のなかで整理し、〝なぜ、いいのか？〟〝どう、いいのか？〟と体系的に理解しておく必要があるからです。

な～んて偉そうなことを書いてはいますけれど、実は僕も整理することはあまり得意ではないのです。いや、不得意です。なにせ、感覚に頼らざるを得ない右脳人間。体系的に考えることが苦手であるため、「さて、どうしたものか」と思い悩んだことも一度や二度ではなかったのです。

そこであるとき、ものは試しと「マインドマップ」をつくってみたことがあります。簡単にいえばマインドマップとは、頭のなかで考えていることの断片を描き出してマップ化したもの。メインのキーワードを中心に据え、そこからキーワードを葉脈《ようみゃく》のようにつなげていくわけです（だから、見た目はちょっと不気味だったりもします）。

そうやってエレメントを体系化すれば、まとまりにくい考え方や概念をスッキリとまとめることができるため、理解が容易になるということ。

どう考えてもそういう作業が向いているタイプではないので、もしかしたら僕にとってその作業は、真似事《まねごと》の域を超えられないものだったかもしれません。とはいえ当時は、それなりの実感を得ることができたような気がしたものです。

試しに今回、僕の代表的な著作『遅読家のための読書術』に関するマインドマップを載せましたので、次のページをチェックしてみてください。

そして、ここでご提案したいのは、気に入った本についてのマインドマップを描き、それを見せながら家族にプレゼンしようというアイデア。

読書ゲーム13 マインドマップでプレゼン

- マインドマップを描いてみる（形式に縛られず自由に）

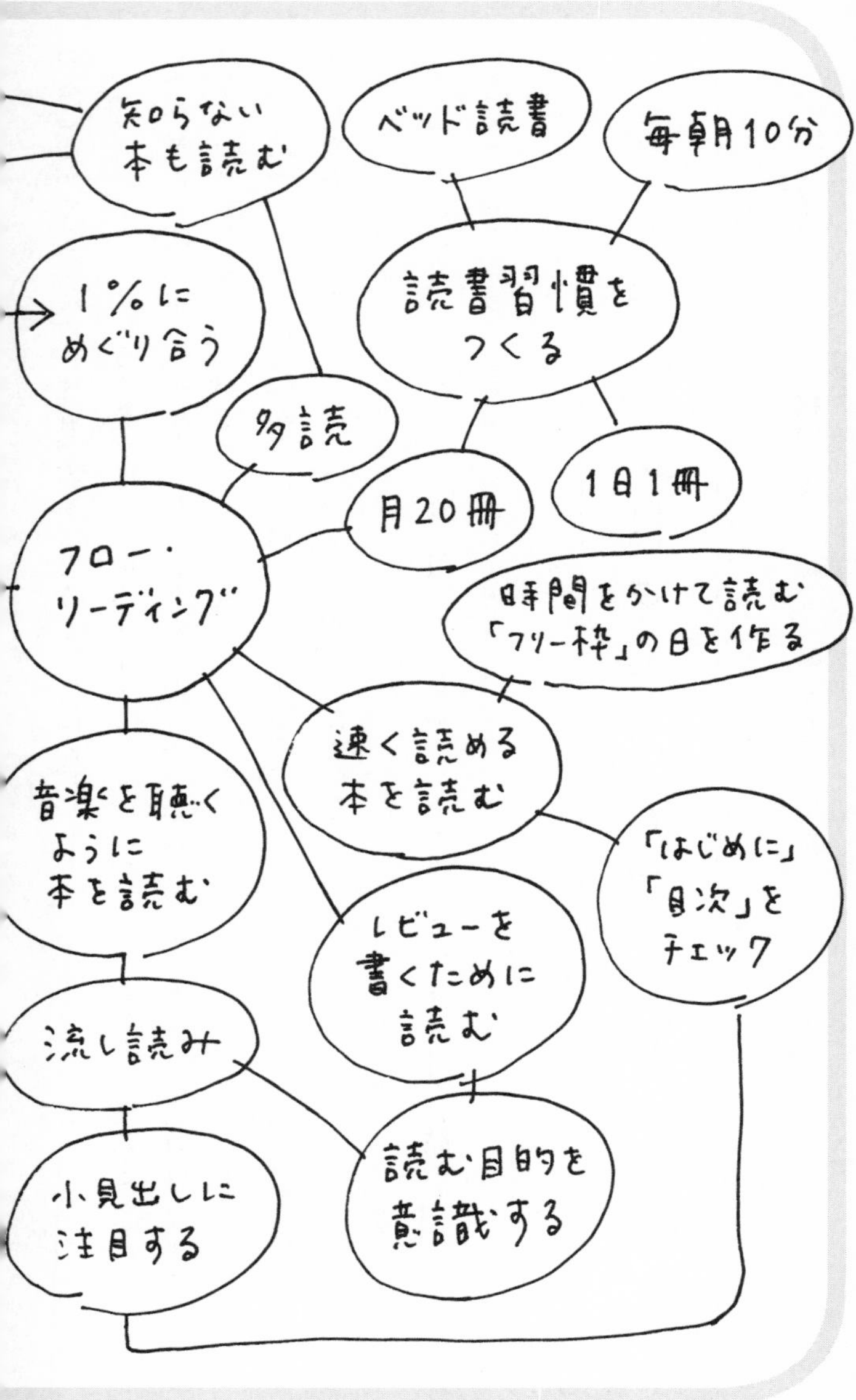
知らない本も読む
ベッド読書
毎朝10分
1%にめぐり合う
読書習慣をつくる
多読
月20冊
1日1冊
フロー・リーディング
時間をかけて読む「フリー枠」の日を作る
速く読める本を読む
音楽を聴くように本を読む
「はじめに」「目次」をチェック
レビューを書くために読む
流し読み
読む目的を意識する
小見出しに注目する

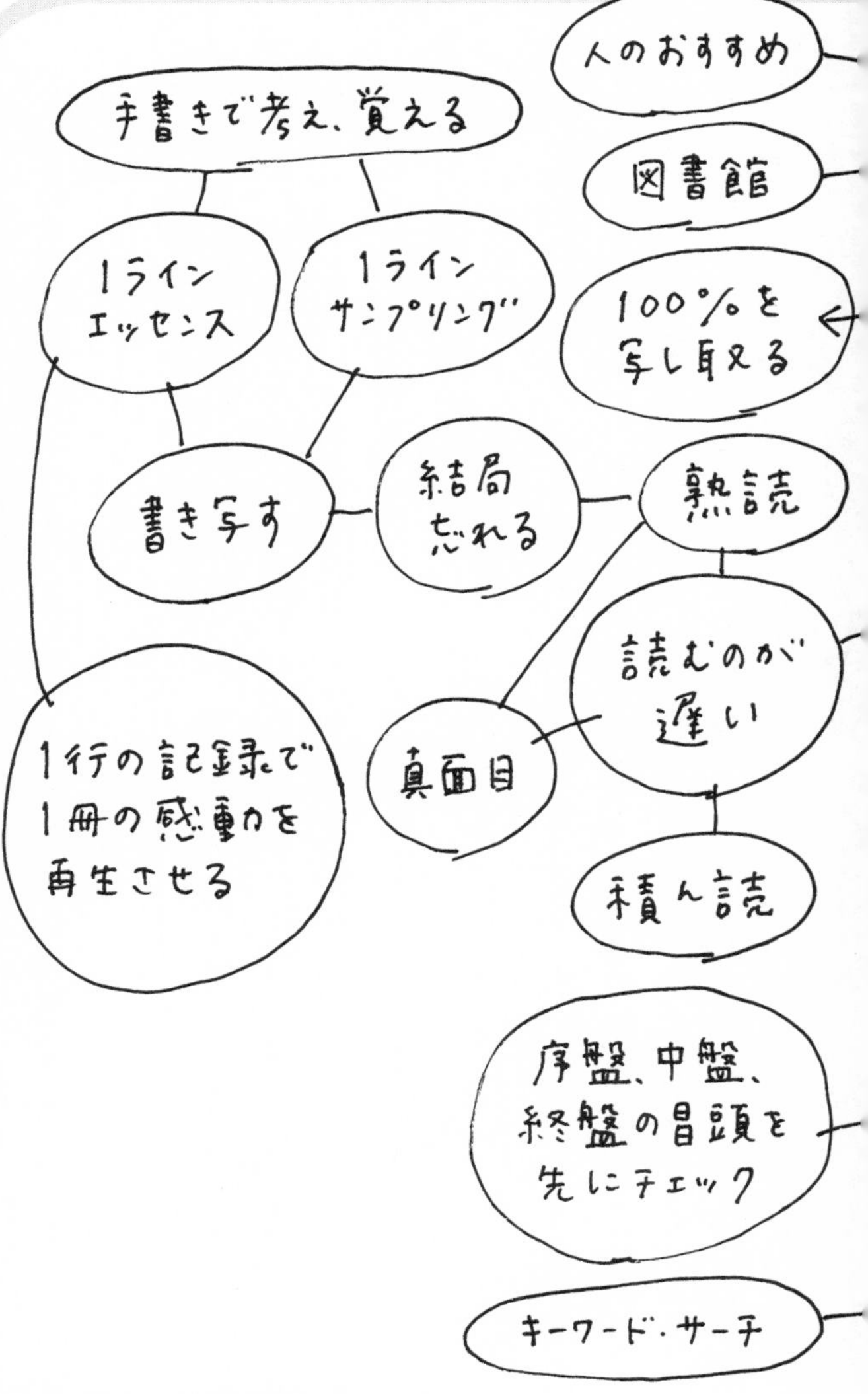

図2 『遅読家のための読書術』のマインドマップ

- 描くことによって、頭のなかが整理される
- 整理された（整った）状態で、マインドマップを見せながら解説する

プロセスとしては、たったこれだけです。端的にいえば〝マインドマップを利用して整理すること〟が目的なので、決して難しいことではありません。前ページのマインドマップのように、〝感じたこと〟〝要点〟〝特徴〟などをつなげていけば、おのずと自分がプレゼンで伝えたいこと、伝えるべきことの輪郭が浮かび上がってくるはずです。

そこまでできたら、あとはマインドマップを確認しながら、それを家族にプレゼンすればいいだけ。

なお、一回試してみるだけでなく、できれば何度も繰り返してやってみるといいと思います。そうすれば必然的に〝簡潔にまとめる能力〟が身についていき、〝簡潔に伝える能力〟も高まっていくはずだからです。また、優勝して賞品やポイントがもらえるような仕組みをつくり、家族でマインドマップの出来を競い合ったら、モチベーションは高まりそうですね。

好きな本をディスるプレゼン

ここ数年来、相手と即興《そっきょう》のラップで競い合うヒップホップの一形態「フリースタイル・バトル」が一般化したことの影響もあり、〝ディス（dis＝disrespect、非難する、批判するの意）〟というスラングはずいぶん浸透《しんとう》したように思います。

ちなみにストリートでのラップ・バトルは、いまや世界的ムーブメントに成長したヒップホップ・カルチャーの源流。黎明《れいめい》期の1983年に公開された映画『WILD STYLE』内に登場するバトルのシーンを確認してみれば一目瞭然ですが、顔を突き合わせて即興でラップし、そのリリック（歌詞）のなかに相手への批判、非難、皮肉、攻撃的なニュアンスなどを盛り込むのです。

つまり、少なくともヒップホップ発生当初、ディスり合うことはかなり明確なゲームだったのです。そこに、痛快《つうかい》さがあったのです。

そこで（というわけではありませんが）ヒップホップの先人たちにならい、ゲームの一環として、好きな本のプレゼンにディスを取り入れてみることを提案してみたいと思います。

とはいえよくない部分を非難したところでなにもおもしろくはないので、あくまでも遊びとして、その本の〝いいところ〟をわざとディスるのです。

読書ゲーム14 好きな本をディスるプレゼン

「絶対読まないほうがいい。なぜなら集中してしまい、生活時間を奪われるから」

「この本の描写はリアリティありすぎ。読んでいるとその場に居合わせたような気分になってきて、生々しすぎて超不快！」

「登場人物が全員最悪。みんな個性的で人を惹きつける要素を持ってるから、つい感情移入してしまって疲れるったらない」

「ストーリーの完成度が高すぎて、ディスれないのがとても不満。登場人物バカすぎて、逃げ場がないのがどうにも不安」


ラップではないので、韻《いん》を踏まなければいけないわけでもありません。踏みたければ踏めばいいでしょうが、それより大切なのは愛情を持って（ただし、ほめことばは使わず）ディスること。屈折しまくっていますが、聴いている人に「なに？　どういうこと？　逆に読みたくなっちゃうじゃん！」と思わせることが目的。そして、そういう気持ちにさせることができたら勝ち、優勝となるわけです。

バカバカしいと思われるでしょうか？　もし思われたとしたら、それは正しい解釈です。このゲームでは、〝バカバカしさ〟〝くだらなさ〟をとことんまで突き詰めるべきなのですから。

何度か書きましたが、バカなことを本気でやると、価値観がひっくり返ってめちゃめちゃかっこよくなるものです。『WILD STYLE』だって、ヒップホップの古典と評価されている一方、ツッコミどころも満載です。けれど、かっこよさとダサさとの境界線上で真剣に表現していることがわかるから、そこに登場する人々はみな、強烈に〝ダサかっこいい〟のです。

ですからこのゲームをする際にも、〝バカバカしさ〟〝くだらなさ〟、ときに〝ダサさ〟をも極め、〝ディスり担当〟としての立場を極める必要があります。その先にこそ、説得力が生まれるからです。逆に、恥ずかしがって中途半端な表現にとどめてしまうと、そのディスりはみっともないものになってしまうはず。理由は簡単で、突き抜けていないからです。

そもそも、どのような表現をする場合にも、突き抜けることは絶対に必要です。かっこ悪いように見えることでも、「あの人らしいなあ」「あの人は、ああだからね」と相手を納得させてしまえたら勝ち。それは、突き抜けていることを認めてもらったことになるからです。

ちょっと話が脱線してしまいましたが、好きな本をディスるプレゼンをする際にも、やはり突き抜ける必要があるのです。

「その本のことを、どうしてそこまで悪くいえるんだろう？　お父さんらしいよね。そのお父さんらしさ、いつもはウザく感じるんだけど、この本に関しては印象が違うわ。ディスりを聴いてたら、逆に読んでみたくなってきた」

たとえば、お父さんのディスりを聞いたお兄ちゃんの口から、こんな感想が出てきたとしましょう。その場合、お父さんが好きな本をディスるプレゼンで勝利したということになります。「逆に読んでみたくなってきた」のであれば、お兄ちゃんはお父さんの説得力に引っぱられたことになるからです。つまり、お父さんのディスりに表れていた〝バカバカしさ〟〝くだらなさ〟〝ダサさ〟を、知らず知らずのうちに受け入れていたということ。

そこまで突き抜けてこそ、ディスりがいがあるわけです。

そして、そんなことを続けていれば、いつかは別の目的、たとえば仕事のプレゼンなどに応用することもできるようになるでしょう。「仕事のプレゼンにもディスりを取り入れましょう」ということではなく、「意図的に少しだけ否定的な表現をして、そこから一気にほめていく」というような、裏技的な話し方のコツをつかむことができるようになる（かもしれない）ということです。

こういう文章を書いていても、「こんなくだらないことを書いて、紙の無駄にはならないだろうか？」というような迷いが頭のなかを通り過ぎて行ったりします。けれど、そこで怯《ひる》んでしまっては中途半端で終わるだけ。でも、「ああ、印南ってやつは本当にバカなんだな」と思ってもらえたとしたら、それはそれでひとつの到達点だということです。

短文バトル

なにかを伝えようとするとき、伝えたいという熱意が強ければ強いほど、あるいは伝えたいことが多ければ多いほど、うっかりしていると長文になってしまうものです。僕が見る限り真面目な人によくみられる傾向で、そういう人から文字で覆い尽くされたメールをいただき、面食らったことが何度もあります。

ただ、申し訳ないのですが、そういうメールってあまり真剣に読まないんですよねー。文字量に圧倒されて読む気を失ってしまうし、そうでなくとも、その長い文章すべてに意味やキーワードがぎっちり埋め込まれているわけではないからです。

どんな文章にも、どこかに必ず要点が隠されているもの。したがって、わざわざ全文に目を通さなくても、要点を見つけ出せばそれで済むのです。

でも、読み手にとってそれは必要以上の手間でもあります。長文のなかから要点を探さなくてはならないなんて、面倒以外のなにものでもありませんからね。それどころか、苦労して要点を見つけ出したころには疲れ果て、その文章から距離を置きたくなっている可能性だって大いにあります。

無駄に長い文章は、やはり無駄なのです。

一方、無駄を削ぎ落とした簡潔な文章は、読み手にストレートに訴えかけるものです。なにしろ研ぎ澄まされているので、よく刺さるわけです。だからこそ文章を書く際には、なにより先に簡潔さを重視すべきだと僕は考えています。それは難しいことですから、まだまだだとも思っているんですけどね。

そこで、「短文バトル」をしてみてはいかがでしょうか？　おすすめしたい本の内容や要点、伝えたいことなどを、必要最低限の文字数で簡潔に伝えることを競うバトルです。これを習慣化すれば、文章を簡略化するスキルが身につくと思います。

読書ゲーム15　短文バトル

【短文バトル・400字】

まずは入門編というべき400字版。ご存じのとおり、400字は一般的な原稿用紙1枚分。感覚的には、とてもまとめやすいはずです。

衝撃的な内容だった。これまで、かなりの量の小説を読んできたので、ストーリー展開などはある程度予測できる自信があった。ところが本作に、それは通用しなかった。意外な展開の連続というよりも、読み進めるほど裏切られ続けるような感覚なのだ。主人公の○田○介は、新進IT企業△△△に所属する28歳のプログラマー。順調に実力をつけ、心身ともに充実していた。周囲からも、期待の目を向けられていた。だが、あるとき状況が一転する。自信を持って仕上げたプログラムに小さなバグが見つかり、その数が数日単位で、数時間単位で、数分単位で増えていくのだ。急いで修正するも、修正するたびに新たなバグが「生まれる」。どうにもできない現実に抗えず、やがて○介自身がバグとなっていく——。読めば読むほど迷宮に入り込んでいくような感覚が、やがて読者を縛りつけていく。

そう、読者もまたバグ化するような感覚にとらわれることになるのだ。

ちょっと例文を書いてみましたが、これで395字。やはりこれだけの文字量があれば、書くことはあまり苦しくありません。

【短文バトル・200字】

では、半分の200字だとどうなるでしょうか？　400字詰め原稿用紙の半分ですから、かなり削っていく必要があります。

○田○介は、28歳のプログラマー。周囲からも期待されていたが、手がけたプログラムにバグが見つかってから運命が変わる。バグが数日単位で、数時間単位で、数分単位で増えはじめたのだ。修正するたびに、また新たなバグが……。そして気がつけば、やがて○介自身がバグとなっていた――。
迷宮に入り込んでいくような感覚が、やがて読者を縛りつけていく。そう、読者もまたバグ化するような感覚にとらわれることになるのだ。

これで196字。さすがに200字まで減らすと、かなりシェイプアップされた印象です。さて、今度はこれを100字まで減らしてみましょう。

【短文バトル・100字】

若手プログラマーの○田○介が手がけたプログラムにバグが見つかり、秒単位で増え続ける。考えられない現実に対応できず、やがて○介自身がバグ化することに。そして最終的には、読者もバグになっていく――。

これで97字。ここまでくると、字数を守りながら伝えることの難しさを実感できると思います。そして能力の差が浮き彫りになるだけに、バトルとしても白熱しやすくなるはず。楽しむことが大切だとはいえ、知的に争うこと自体が楽しみになっていくことでしょう。

LINEで短文コミュニケーション

SNSでのコミュニケーションは、いまや現代人になくてはならないもの。友だち同士はもちろんのこと、家族間のやりとりにLINEを活用しているという方も多いのではないでしょうか。

我が家でもそれは同じで、家族全員と友だち登録して（家族を「友だち」と呼ぶのも変な話ですけど）日常的に連絡を取り合っています。夫婦でこっそり、子どもの問題を話し合うこともありますし、ひとり暮らしをしている息子から、おすすめのラッパーの情報が送られてきたりすることもあります（息子も僕もヒップホップが好きなので、昔からよく情報交換をしているのです）。

不思議なものだなと感じたのは、顔を突き合わせているときにはさほど会話がなかったとしても、ＬＩＮＥでなら無理なく意思疎通《いしそつう》ができてしまうこと。家族だからこそ、顔が見えない安心感を共有できるのかもしれません。本当は対面がいちばんいいのでしょうけれど、こういうコミュニケーションも〝アリ〟なんだろうなと感じます。

また、それ以外に家族全員が確認できるグループもつくっていて、それはそれでとても便利。たとえば外出中の家族も含めた全員が集合しなければならなくなった場合などには、家族のグループで招集をかけるわけです。同じようなことをしている方は多いと思われますので、別に珍しい話ではないでしょうけれど。

でも、この家族全員のグループに関しては、もうひとつ別な使い方もできそうです。読書や本について、ＬＩＮＥで〝短文コミュニケーション〟をとるというアイデアです。

もし「親と向き合って本の話をするのは気恥ずかしい」と思っていたとしても、ＬＩＮＥで、しかも短文での情報交換なら抵抗感も少ないのではないでしょうか？

読書ゲーム16 LINEで短文コミュニケーション

【シチュエーション①】

父：いま本屋にいるんだけど、ほしい本がある人いる？　教えてくれればついでに買って帰るよ。

息子：まじ？　じゃー○△◇○っていう作家の新刊「♨♨♨♨」を希望。話題になってるから、すぐわかると思う。

父：了解。

【シチュエーション②】

娘：この前学校の図書館で▼●■さんの『○△○△』っていう本を見つけて読んだんだけど、すごくよかった。一気に読んじゃった。誰かこの人の本、読んだことある？

母：学生時代に夢中になりました。『○△○△』だけじゃなく、他にもたくさんあるよ。

娘：えーっ、読みたい！

母：出しときます。

たとえばこのように、本や読書に関するちょっとしたやりとりを習慣化するわけです。

書きたい人が書いて、返事をしたい人がすればいいだけなので強制されているような感じはしませんし、なにより気楽さが魅力。先の例のように、なにげない会話をしていたら、娘が好きになった作家の本をお母さんがたくさん持っていた、などということにもなるかもしれません。

ちょっとしたことばのキャッチボールですが、それが意外な情報収集源になる可能性があるのです。しかも、そうすることで家族間のコミュニケーションも自然と深まっていくことでしょう。

家族内文通

このように、LINEを筆頭とするSNSを使った家族間コミュニケーションはとても有効。思いもかけない発見や収穫も期待できるだけに、積極的に活用すべきだと思います。

ただ、その一方には問題もあります。よく話題に出ることですが、SNSが浸透した結果、というよりインターネットが一般化した時点ですでに顕在化していたことですけれども、「手書き」をする機会が極端に減ってしまったわけです。

事実、ペンなどを使って便箋に手紙を書く機会は、いまやほとんどないといっても過言ではないはず。他人事のように書いていますが、僕だって自筆の手紙はもうしばらく書いていない気がします。字、下手だしなぁ。

とはいえ、たまにペンを持ってみると、手書きの心地よさを改めて感じます。また、送られてきた資料に一筆箋（短冊型の細長い便箋）が添えられていて、送ってくださった方の手書きメッセージが書かれていたりすると、とてもうれしいものでもあります。

つまり僕たちはそんな些細な出来事を通じ、手書きの手紙やメッセージの魅力を、自分でも気づかないうちに感じているのかもしれません。

そこで、ご提案。家族に向けて手紙を送ってみてはいかがでしょうか？　別に特別なものではなく、気に入った本の話題などを綴ったもの。強いていえば日記の延長、あるいは、交換日記よりも手間のかかる交換日記のようなもの。

読書ゲーム17
家族内文通

お母さんへ

ご報告がしたくて手紙を書きました。

この前LINEで、▼●■さんの『○△○△』が気に入ったって書きましたよね。あのあとお母さんが▼●■さんの本をたくさん貸してくれたからハマってしまいましたが、その流れで●◇▲さんの『○△△◇◇●』のことを知ったんです。▼●■さんは、この人に影響を受けているらしく。

それで読んでみたら、たしかにいい作品でした。もしかしたら知ってるかもしれないけど、お母さんにもぜひ読んでもらいたいなと思って、しかもそれを手書きで伝えたくて、これを書くことにしたんです。

これは手紙だけの話にしたいので、家のなかではこの話題を出しません。よければ返事をください。

娘より

〇〇ちゃんへ

お手紙ありがとう。

●◇▲さんのことは知らなかったけど、▼●■さんが影響を受けている人なんですね。お手紙を読んで、お母さんも読んでみたいと感じました。読み終えたら、ぜひ貸してください。

それから、もし他の作品も読んでみたいということだったら、言ってくれれば買ってあげますよ。なので、ほしい場合は遠慮なく。

それでは、ちょっと短いけれど、これで。

母より

こんな感じで、あくまで気楽に本のことだけを書いた手紙をやりとりするのです。シンプルにもほどがありますが、でも、こういうなにげないやりとりって、双方の仲を親密にしてくれるものでもあります。

実は妻と僕は文通で知り合った仲なので（珍しいでしょ）、相手から手紙が届くうれしさはよくわかります。たいしたことが書かれていなかったとしても、〝自分のために、わざわざ手を動かして書いてくれた〟という事実が心に響くからです。

それは相手にとっても同じで、時間をかけて手紙を書いた気持ちを、向こうもきっとわかってくれるはず。そうやって意思の疎通を図れるからこそ、なにげない本の話題も、心の奥のほうに収まっていくわけです。

それに、同じ家のなかの別の場所で、それぞれに届いた手紙を読むって、無駄なようで不思議でもあるようで、なんだかいいと思いませんか？

長文でなくてもかまわないのです。本を読み終えたら、その直後に30分だけ時間をとってすぐに書く。そして封をして自分の家の住所と宛て名《あな》（お父さん、お母さん、兄、妹など）を書いて投函《とうかん》する。それを習慣化するのです。もちろん、受け取った相手も返事を書く習慣をつけること。

そんなことを繰り返していけば、読書の楽しさのみならず、読書に付随した情報交換の楽しさをも実感できるはずです。

手間をかけるのは、意外と楽しいものです。それに手紙が届くのが楽しみになるので、おのずと読書欲も高まっていくことになります。ただの遊びだと思われるかもしれませんが、いや、間違いなくお遊びなのですけれど、その効果はなかなか大きいということです。

それに、なにより家族の絆が深まることがうれしいではありませんか。

家族限定YouTubeチャンネル

YouTubeは、観たいものを簡単に観られるメディアとして、いまや僕たちの生活に欠かせないものとなりました。もちろん優秀なチャンネルもそうでないチャンネルもありますから、観る側の選択眼が求められはします。とはいえ、そこさえ気をつけていれば、テレビ以上に楽しむことが可能。

しかも能動的なユーザーにとって魅力的なのは、誰にでも投稿できること。その人の考え方次第で、双方向型のメディアとして機能してくれるわけです。ただ観ているだけではなく、やる気さえあれば自分も表現者になれるのですから、それはやはり画期的だというべきではないでしょうか？

また、さらに特筆すべきは、公開範囲を指定できる点です。必ずしも全世界に向けて配信しなければいけないわけではなく、「ここからここまで」と限定公開することが可能だということ。必ずしも目立ちたい人ばかりではありませんから、これはうれしい機能ですよね。

僕も以前、ＤＪプレイを知らないうちに撮影され、YouTubeにアップされたことがあるのですが、その知人が公開範囲を限定してくれたのでほっとしたものです。

ということで、ここで提案したいのはYouTubeのそんな特徴を利用したアイデア。家族だけにしか観ることのできない「限定公開」YouTubeチャンネルを、〝家族全員分〟つくり、各人がおすすめしたい本の魅力をそこで語るのです。家族の人数分だけ、家庭内にテレビ局をつくるようなイメージです。

もし話すことが苦手だったとしても、しかも動画に撮られているとはいっても、それを観ているのは家族だけなら間違いなく気楽です。したがって、「思っていた以上に話しやすかった」ということになる可能性は大いにありますし、一度楽しさを知ってしまったら、「意外や意外。発信することにハマってしまった」なんてことになるかもしれません。

その結果、「やっぱり世界に向けて発信したい」と気持ちが変わったとしたなら、その時点で設定を変更すればいいでしょう。ただ、それは「もしも」の話なので、ここではあくまで家族の問題として考えていきたいと思います。

読書ゲーム18
家族限定YouTubeチャンネルをつくる

- 家族全員（父・母・息子・娘など）が「家族限定公開」のYouTubeチャンネルを開設
- 各人が自分のチャンネルでおすすめの本を紹介した動画を撮る（公開することが目的なので、とりあえずクオリティは気にしない）
- 「毎週土曜日18時」など期日と時刻を決めて全員が同時公開
- 家族が公開した動画すべてを全員がチェックし、視聴後にオンライン上で感想を述べ合う
- 優勝者にはポイントが付与され、たまると賞品などがもらえるようにする

もちろん最初は、否定的な意見も多いかもしれません。お姉ちゃんは乗り気だけど、引っ込み思案なお母さんは否定的だったりとか。でも、繰り返しになりますけれど〝家族内

のゲーム〟であり、外に漏れるようなものではないのです。ですから、スマホのカメラで撮影した家族の写真をAirDropで家族に転送するような、それくらい軽い気持ちでトライしてみればいいのではないでしょうか？

それに最初は気が進まなかったとしても、毎週公開を続けていたら、どんどん楽しくなっていくということは充分に考えられます。「話し方が暗いなぁ」と感じたら、なんとか改善してみようと思いを巡らせることになるかもしれません。背景や明るさをもっと観やすいように調整してみようと、いろいろ工夫してみたくなるかもしれません。そしてなにより、紹介する本のことを、少しでもわかりやすく伝えたいという思いが大きくなっていくことでしょう。

たとえばこのように、自らが〝家庭内メディア〟になれば、読書がアクティブなものになる可能性は大いにあるのです。

家族限定YouTubeチャンネルで「短編朗読」

YouTube上にはさまざまな朗読のチャンネルがあります。アナウンサーや声優の方などが、世界の名作を朗読してくれるというありがたいサービス。僕は数年前、そういうものがあることをたまたま知ったのですが、試しに聴いてみたら思った以上に快適だったので、以来ときどきお世話になっています。

仕事に集中しすぎ、「ちょっと目を閉じて休みたいな」と感じたとき、あるいは部屋の片づけをしているときなどに流しておくと、意外なくらいに心が休まるのです。しかも流しておくだけで名作をなぞれるのですから、本好きにとってはありがたいですよね。

もちろんそれらが魅力的なのは、話してくださる方にプロフェッショナルとしてのスキルが備わっているからでしょう。素人には及びもつかないものですが、とはいえ聴く人が家族だけだったなら、送り手も受け手も意識が変わってくるはず。

そこで、YouTubeを家族で共有するためのアイデアをもうひとつ。家族限定YouTubeチャンネルでのイベントのひとつとして、短編作品の朗読をアップしてみるのはいかがでしょうか？

好きな短編、あるいは本人が家族に知らせたい短編を、全員がそれぞれ順番に朗読し、その完成度を競うのです。

読書ゲーム19
家族限定YouTubeチャンネルで短編朗読

- 家族全員（父・母・息子・娘など）が、「家族限定公開」のYouTubeチャンネルで、おすすめの短編作品などを朗読した動画を撮る（公開することが目的なので、とりあえずクオリティは気にしない）
- 家族が公開した動画すべてを全員がチェックし、視聴後にオンライン上で感想を述べ合う
- 優勝者にはポイントが付与され、たまると賞品などがもらえるようにする

自分の声って、あまり自分では聞きたくないものじゃないですか。僕も同じで、ラジオ番組をやっていたころでさえ、毎回収録のたびに「嫌な声だなー」と自己嫌悪に陥ってし

まうような始末でした。

でも家族に聞かせるだけなら、楽な気持ちで臨めます。もちろん動画を編集する際には自分の〝嫌な声〟を聞かなければならないでしょうが、それは慣れの問題です。

自分が家族の朗読を聴く際にも、家族だからこそ、さほどの抵抗感はないはず。家族の話す声が嫌だと感じる人はあまりいないでしょうし、自分以外の人の話し方を聞きながら、「ここは自分も真似してみよう」とか「こういう話し方はしないようにしよう」というように学びを得ることもできます。それは、話している相手が家族だからこそ成立することです。

そういう意味で、自分が話す場合でも、家族の話を聞く場合でも、ずっと気が楽なのです。もちろん、家族の短編朗読を聞いた結果、感銘を受けてその作品を実際に読んでみたくなったというようなことも起こり得ます。いいかえれば、好奇心の幅が広がり、読書の可能性もまた広がるということです。

なお、ここで「短編」と限定しているのは、単純にそのほうが楽だろうと思うから。でも続けていけば、やがて家族全員が慣れてきて、知らず知らずのうちにスキルも向上するはず。そうしたら、今度は中編にチャレンジしてみるのもいいかもしれません。

家族内での朗読なんて閉鎖的な遊びだなと思われるかもしれませんが、ある程度の経験を積んでいけば、それは外部でのコミュニケーションにもよい影響を与えてくれることになるでしょう。少しずつ話すことに慣れていくので、〝コミュ障な陰キャ〟を自覚していたお兄ちゃんも、気がつけば〝気さくな陽キャ〟になっていた、なーんてこともあるかもしれません。

第4章

読書をイベント化する

一緒に図書館へ行き、借りた本を各自が紹介

第1章でもちょろっと触れたとおり、僕は日ごろから図書館をよく利用しています。目的の大半は仕事で使う資料を探すことなのですが、実はそれ以外にも大きな理由がありまず。というよりも、そちらのほうが重要かもしれません。

純粋に、落ち着いた、知的好奇心を刺激してくれる図書館独特の雰囲気が好きなのです。なにがきっかけだったかは覚えていませんが、少し離れた場所にある図書館に通いはじめたのは小学校5年生の夏休みのことでした。そこから習慣になっていき、中学生のころにもよく勉強しに行っていました。図書館が好きなだけだったので、果たしてそこでした勉強が身になったのかどうかは疑問ですが。

現在はおもに、居住区内でいちばん大きな図書館を利用しています。幸いにも、そこがいちばん近いのでとっても便利。ただ、そこだけでなく、他にも複数の図書館を自転車でぐるぐる移動しています。必要な本はオンラインで予約しておけるようなので、本来ならそこまでする必要はないのかもしれません。それでもあえて自分で動いて探していることには、いくつかの理由があるのです。

まず1つ目は、実際に館内を歩いて探したいから。オンライン予約は無駄な時間を省いてくれますが、その〝無駄な時間〟がとても大切だと考えているのです。

だから探している本を見つけることができたとしても帰らず、その後しばらく無目的に館内を歩きまわります。すると、意外な掘り出し物を見つけるなど予想外の展開があったりするんですよね。そうやって見つけた本が大きく役立ってくれたこともありましたし、そもそも出会いそのものが新鮮なのです。

たとえば先日、いつものように館内をうろうろしていたら『岐阜のおきて ギフを楽しむための51のおきて』(岐阜県地位向上委員会編、石原たきび構成、アース・スター エンターテイメント)という本を見つけました。タイトルから想像できるとおり、岐阜県に関する雑学本です。とくだん岐阜県に特別な思い入れはありませんし、岐阜県出身の知り合いだってひとりしかいません。でも、借りて読んでみたところ、その知り合いに対するイメージがガラッと変わりました……なーんてことはありませんでしたけれど、少なくとも岐阜県の人についての雑学的な知識は多少なりとも得ることができました(「口裂け女」伝説発祥の地が岐阜県だと、この本で初めて知りました）。

別に岐阜県に関する情報を求めてはいませんが、ともあれ、このように〝どうでもいい話〟を含むさまざまなことを知る過程が楽しく、そのための機会が図書館には満ちているということです。


しかも、図書館ごとに置いてある本が違っているので、それもまた探す楽しみにつながります。それが2つ目の理由、すなわち各図書館の個性です。

同じ地域の図書館といっても、タイプや個性が多種多様。たとえば僕の居住区でも、メインで利用している図書館はリニューアルしたばかりでおしゃれなのに、5年生のときに初めて訪れた前述の古い図書館は、当時からまったく変わっていません（そのレトロな雰囲気が、たまらなくいいんですよ）。

他にも住宅地のなかにぽつんと建っている小さな図書館とか、コミュニティセンターと一緒になった広い図書館とか、それぞれ違っているわけです。また、各館の司書の方が趣向を凝らして独自の特集コーナーをつくっていたり、地域に関係のある作家についての冊子をつくって配布していたり、それぞれの図書館に色があるのです。おかしな表現かもしれませんが、利用者に対する、司書の方々の愛情を感じるんですよね。だから、ついつい図書館のハシゴをしてしまう。図書館なんてどこでも同じだと思っている方もいらっしゃるかもしれませんが、だとしたらぜひ足を運んでみるべきです。きっとイメージが変わります。

そして3つ目は、気分転換になるから。

ほとんど家にこもって仕事をしている僕のような人間にとって、これはとてもありがたく、そして重要なことです。でも、コロナ禍の影響でリモートワークが増えたためストレスを感じているというような方にとっても、図書館へ行くことは有効であると思います。足を運ぶだけでリフレッシュできますし、知的好奇心をいい感じで刺激されるのですから。

大きく分ければ通う理由はこの3つですが、もちろん他にもいろいろな魅力が図書館にはあります。たとえば、最近とても驚いたことがありました。

少し前まではCDもよく借りていたのですが、さすがに最近はCDを聴く機会が減ったため、その必然性もなくなっていたのです。だから「CDなんてオワコンだから仕方がないよなー」と他人事のように思っていたのですけれど、ある日、なんの気なしに区立図書館のサイトを眺めていたらビックリ。

僕の居住区の図書館では、某大手クラシック・レーベルのインターネット音楽配信サービスを利用できるというのです。申し込みをすればユーザーIDとパスワードを発行してもらえて、CDの貸出期間と同じ2週間、そのレーベルの音源を自宅のパソコンで聴きまくれるというサービス。CDの衰退を受け、そんな画期的なことを思いついていたとは。でも、だったら利用しないほうが変じゃないですか。実はいまもそのライブラリーを利用し、ギタリストのダヴィッド・ジャックが弾くパガニーニのギター曲を聴きながらこれを書いているのですが、なかなか新鮮な気分です。

音楽に関してはサブスクを利用しているので頻繁に利用する必要はないでしょうが、気分転換には最適なので、今後も利用してみようと思っています。


なお、他の地域でもそれぞれ趣向を凝らしていて、たとえばアナログレコードの膨大な在庫を抱えている図書館などもあります。その区の居住者でなくても借りられるというので利用したことがありますが、ズラリと並ぶレコードラックを眺めること、そこから好きなものを選んで借りることは、やはり新鮮でした。

そんなことからもわかるとおり、代わり映えしないように見える各地の図書館は、実は時代の波を柔軟に取り入れているのです。

というわけで、僕は図書館に全幅の信頼を置いているのですが、だからこそ読者のみなさんにも図書館の利用をおすすめしたいと思います。しかも、家族で（ここが重要）。

そもそも、図書館は無料で利用できる施設です。カフェやレストランを併設している施設も少なくありませんから、なんなら一日中でも過ごせます。そんな施設のメリットを最大限に活用し、読書をイベント化するのです。

読書ゲーム20　家族で図書館ゲーム

- 家族で図書館へ行き、各人が散らばって好みの本を探し、借りる

●「30分後」「1時間後」など、あらかじめ決めておいた時刻に集合
●帰宅後、順番に借りてきた本を発表し合う

たったこれだけです。これだけですが、実際のところ発表が終了するまでのプロセスは想像以上に濃厚なものになると思います。

まず、もしもそれまで図書館を利用する習慣がなかったのだとしたら、蔵書数に驚くことになるでしょう。そして新鮮な思いを抱えながら、なにを選ぶべきかで悩むかもしれません。本との距離感を縮めるという意味で、そんな小さなことに大きな意義があるのです。

貸出可能冊数は地域によって異なりますが（僕の居住区は15冊）、できれば借りられるだけ借りるべきだと思います。借りたすべての本を読み終えられる可能性は限りなく低いでしょうけれど、それでいいのです。一冊しか読めなかったとしても、一冊も読めなかったとしても、まったく問題なし。

なぜなら、「どうして、その本を選んだのか」という〝理由〟から「帰り道が重たすぎて疲れた」というような〝経験〟まで、すべてが本に関連した記憶として残るからです。も

ちろん読めたほうがいいに決まっていますけれど、それ以上に大切なのは、そうした記憶や体験。そして、気になる本を借りる習慣をつけること。

それがいつしか「本は楽しい」といったようなイメージと直結し、読書に対するポジティブなイメージへとつながっていくのです。

帰宅後には借りてきた本について、「なぜそれを選んだか」「借りたいと思った理由はなにか」などを家族で発表し合いましょう。ただし、それも習慣を定着させるための手段に過ぎないので堅苦しく考える必要はありません。理屈っぽいことを真剣に話し合うことが目的ではありませんから、「表紙がよさそうだったから」とか「タイトルが気に入ったから」というようなもので充分。そうした理由もまた、本との関係を強くしてくれるはずだからです（事実、表紙で判断した本の内容がよかったということは、よくある話でもあります）。

このような理由があるからこそ、無料で楽しめる施設を、本との距離感を縮めるため、そして家族のコミュニケーションを深めるために、ぜひとも活用していただきたいと思うのです。

月に一回、家族で書店ゲーム

いまの時代はアマゾンに代表される便利なサービスがたくさんありますから、本を購入することと自体はとても簡単です。腰が抜けるほど簡単です。なにせ106ページでも触れたように、買いたいと思ったらスマホでポチればいいのですから。迷う間を自分に与えず勢いで買ってしまうこともときには必要なので、それは決して無視できない購入手段だといえるでしょう。

ただし本を購入することの意義は、それだけで完結するものではありません。それはなぜか？　未知の本との〝偶然の出会い〟にも、大きな意味があるからです。

アマゾンには、過去の購入履歴を参考にして「あなたへのおすすめタイトル」を勝手に表示してくるというお節介《せっかい》なサービスがあります。もちろん役に立つこともありますけれど、とはいえそれは、単にアルゴリズムが弾《はじ》き出した結果。〝偶然の出会い〟とはニュアンスが異なるので、必ずしも自分自身のニーズに合致するとは限りません。そういう意味でも、本当に予想外の本を見つけるためには、やはり実際に書店に足を運んでみる必要があるのです。それを無駄なことだと考えるのは大間違いです。

とくにほしいものがなかったとしても、それはそれで問題なし。いや、むしろ、ないほうがいいかもしれません。とにかく足を運んでみれば、図書館を無目的に歩くのと同じように、普段の自分なら気づきもしなかったような本と出会える可能性を手にすることができるからです。

それは純粋に楽しいこと。「自分はこういうタイプの本が好きだから」というような先入観はできる限り排除して、というより、な～んにも考えずに頭のなかを空っぽにして、思うままに書店内をぶらついてみるのです。そうすれば結果的には〝たまたま視線に引っかかった〟1冊か2冊が、「へー、こんな本があったのか」と刺激を与えてくれることになるでしょう。

いわば、未知の本と出会えるという意味で、自分が知らなかった世界へ踏み込むチャンスを得たという意味で、そして視野を広げることができるという意味で、そこには重要な価値が生まれるのです。

そこでご提案があります。

家族みんなで本を買いましょう。数ヶ月に一度、できれば一ヶ月に一度、家族で書店に足を運んで、全員がそれぞれ一冊ずつ好きな本を購入するのです。①書店に足を運び、②本を選び、③買い、④帰宅後にはそれらの本をネタに会話をする。そこまでをゲームにしてしまうということです。

読書ゲーム21 月に一回、家族で書店ゲーム

家族である以上、その際にはお父さんかお母さんが「買ってあげる人」としての役割を担うことになります（もちろん、ご自身も買うんですよ）。お財布事情を考えると、千数百円の本を数冊購入することは決して楽ではありませんが、そこはあえて目をつぶりましょう。なぜなら（買ってもらえる）家族にとって、それは本との強い関係性を築くための大きなポテンシャルになるからです。

「家族全員の本を買うお金なんてないよ」と感じられるかもしれませんけれど、夫婦で話し合い、その日のためにコツソリ貯金しておけばいいのです。一冊1000円前後で家族4人分ということは、だいたい5000円もあればなんとかなります。仮に一日200円ずつ貯めていったとすれば、一ヶ月で6000円。それを購入資金にすれば、お父さんやお母さんに対する家族からの信頼感も高まるというものです。

買ってもらえるのであれば、買ってもらう側の気持ちは当然のことながら高まります。そのため、「なにを買おうか」とワクワクしながら書店内を歩きまわることになる。それが楽しいのです。そして、そんな小さなことに大きな意味があるのです。歩けば歩くほど、未知の本との出会いが増えていくのですから。

その結果、もしかしたらほしい本が3冊になってしまうかもしれません。どうしても譲れない5冊を前にして、悩むことだって考えられます。でも、そんなときは大いに悩むべきです。そして、一冊だけを厳選するのです。そうすれば、選ばれた一冊の価値が自分自身のなかで大きくなりますし、選ばれなかった本をいつか手に入れたいという思いもまた、大きくなっていくはずなのですから。それはすなわち、本に対する好奇心や欲求が成熟したことの証です。ひいてはそれが、将来的な読書体験に大きな意味をもたらしてくれるわけです。理屈はともかく、本を選ぶのは純粋に楽しいことですしね。

本を買ってもらった家族には（お金を出したお父さんかお母さんも含め）、ひとつの使命が課せられます。

帰宅後、「なぜその本を選んだか」「どこに期待しているか」など、その本を選んだ理由を家族に発表すること。つまり、購入した本を家族のコミュニケーションのために利用するわけです。それが、このゲームの目的です。場合によっては、読み終えたあとに「感想発表会」をしてもいいかもしれません。そこまでできれば、しかもそれを毎月の家族行事として定例化できれば、コミュニケーションの質もどんどん濃厚になっていくはずです。

そう、他のゲームにもいえることですが、このゲームも習慣化することが大切。「月に一回、本を買ってもらえる（親の場合は、買える）」という習慣ができれば、それは楽しみとなっていき、必然的に読書に対するモチベーションも上がっていくからです。

そのため、頻繁《ひんぱん》には難しいかもしれませんが、年に一回くらいのペースで「1万円で買い放題」という太《ふと》っ腹《ぱら》企画にチャレンジしてみるのもいいかもしれません。4人家族なら単純計算で4万円かかることになりますが、だからこそ大胆な気持ちになり、「本を買う」という行為そのものにダイナミズムを感じることができるはず。なかなかできないことでもありますけれど、一冊1000円前後だったとしても10冊弱の本を買えるということなので、ストレス発散のためにも効果は抜群。だからこそ、日ごろからこのイベントのためにお金を積み立てておきたいところです。

そして購入した本については、一週間後、一ヶ月後など、次のゲームを行う前に内容を発表し合う機会も持ちましょう。「おもしろかった」ということになれば「じゃあ、次は同じ作家の別の作品を買ってみれば？」という提案ができるでしょうし、おもしろくなかったというなら、別の方向性を親の立場から提案（押しつけではなく）することもできるからです。

読書をより楽しく身近なものと位置づけるために、そうやって連続性を生み出すことが大切なのです。

新古書店で衝動買いゲーム

本を買うという行為は、それ自体がエンタテインメントです。最大の魅力は、先に触れたように〝思いがけない出会い〟があること。そこから得られる意外性がめちゃめちゃ楽しいし、だからワクワクするのです。

したがって、ここでご紹介しているゲームをするときだけに限らず、書店に足を運んだら、できるだけ衝動買いをすることをおすすめします。なにしろ、人間の記憶なんて不確実なもの。その場で「おもしろそうな本だなー」と感じたとしても、買わずに通り過ぎたとしたら、その本のことなどあっという間に忘れてしまうかもしれないのです。しかも、必ずしも2度目の出会いがあるとは限りません。だとすれば、その本とはもう再会できないかもしれない。大げさではなく、それは充分に考えられる話です。だからこそ、ピンときた本はすぐに買っておいたほうがいいのです。

なーんて偉そうなことを書いてはいますし、もちろん本心ではありますよ。けれど、そうはいっても実はこれ、一般論にすぎません。つまり現実的には、僕だってそうポンポコポンポコほしい本を買いまくっているわけではないのです。なぜって、使えるお金に限りがあるから。もちろん本は買うべきだと思いますし、できる限り買ってはいます。とはいえ、書店に行くたび際限なく買いまくっていたとしたら、やがて破産することになっても無理はありません。

でも、だからといって「使えるお金に限りがあるから買わない」ってのも、ちょっと悔しいじゃないですか。買わなかったとしたら、出会えていたかもしれない知識と出会えなくなってしまうわけですし、買わない以上、本を買うときのワクワク感を味わえなくなるのですから。

とはいえ、諦める必要はありません。高い新刊はなかなか買えなかったとしても、ブックオフのような〝新古書店〟を利用すればいいからです。

参考までにご説明しておくと、中古本を売っているという共通点こそあれ、古書店と新古書店とでは性格がまったく異なります。前者は絶版本や初版本など、手に入りにくく歴史的価値の高い本などを扱っている店舗のこと。一般的に「古本屋さん」といわれる形態のお店で、値づけも「いかに希少性が高いか」などが基準になっています。

いっぽう、後者はベストセラー本やマンガなどが中心。値づけの基準も、人気の高さや状態のよさ（破損がないとか）などであり、ぶっちゃけ歴史的価値があろうがなかろうが無関係。そのため、丹念《たんねん》にチェックしていけば、驚くほどレアな本を数百円で見つけられたりもします。たまに、一般の書店で1500円で売られている新刊を数百円しか違わない価格で売っていたりすることもあるので、「だったら新刊を買うよなー」と思ったりもするのですが、選び方によっては非常に楽しみがいがあるのです。

たとえば数年前、ドライブの途中でたまたま見つけた埼玉西部のブックオフの100円コーナーで、『草木の野帖』（足田輝一著、朝日新聞社）というフォトエッセイを見つけたことがあります。しっかりした外箱に入った、昭和51年発行の初版本。そもそも僕は草や木にそれほど興味はないのですが、装丁のしっかりした古い本が好きなので、迷わず購入しました。ものすごく気に入っているので、いまでもその本はコレクションのひとつとして書棚に収めてあります。

著者が偶然入手した『草木の野帖』

それはあくまで一例に過ぎませんが、ともあれ新古書店をうまく使えば、（一般書店とはまた違う）本を買う楽しみを味わえるわけです。しかも、そもそも新古書店では内容ごとに系統立てて本が並んでいるわけではありませんから、意外な本を見つけられる可能性は一般書店よりも高いと思います。そして、こちらとしても、普段ならまず買わないようなものに興味が湧いたりします。

実はついさっきもブックオフに行ってきたのですが、なんとなく興味が湧いて『グレン・グールド』（吉田秀和 著、河出文庫　定価：本体800円、ブックオフでの購入価格：570円）、『現代語訳 日本書紀』（福永武彦 訳、河出文庫　定価：本体850円、ブックオフでの購入価格：570円）、『そうだったのか現代思想 ニーチェからフーコーまで』（小阪修平 著、講談社＋α文庫　定価：本体1100円、ブックオフでの購入価格：620円）と3冊を購入しました。

グールドについてはファンとして読んでおきたかったから迷わず買おうと思ったのですけれど、他の2冊は、普段ならまず選ばないものでもあります。でも、たまたま目についた結果、「ためになるかもしれない」と興味が湧いたので買ってみたのです。

3冊で1760円。それぞれの定価を確認してみてもブックオフにしては高めですが、いい買い物ができた気はしています。そもそも僕自身が作家である以上、その売り方を見て複雑な心境になることもあるので、矛盾する思いとの闘いではあるのですけれど。

という話はともかく、新古書店という形態が存在する以上は、それを利用しない手はないのです。本を買う楽しみを（比較的）安価で味わえるのですから。

そこでご提案したいのが、「新古書店で衝動買いゲーム」。タイトルにあるとおり、新古書店で本を買い漁るゲームです。

読書ゲーム22 新古書店で衝動買いゲーム

- 「ひとり1000円以内」「ひとり3000円以内」など、あらかじめ限度額を決め

ておく

- 家族で新古書店へ行き、「30分後」「1時間後」というように決めた集合時間まで、店内を自由にチェック
- 選書できたら購入し、帰宅
- 帰宅後、どんな本を買ったのか、選んだ理由と併せて発表し合う

これは、とてもワクワクするゲームになるはずです。なにしろ、限度額が決められているとはいえ、安い本も多数。それらをお金が許す限り「買い漁ってＯＫ」なのですから、楽しくないはずがありません。そもそも、「楽しい」と感じることそのものに意味があるのです。

そこで、たとえば子どもがラノベを選んだとしても、「そんな本ではなく、もっと意味のある本を」というような助言は避けるべき。１１０ページでも触れましたが、あくまで子どもの主体性を重視する必要があるからです。ノリで選ぶような感じで充分。あくまで〝自由〟であるべきなのです。

ただし、決めておきたいこともないわけではありません。新古書店にはマンガもたくさ

ん並んでいますが、少なくともこのゲームをするにあたってはマンガは購入対象外にすべきだということ。あくまで本の楽しさ、本と触れ合う楽しさ、本を買う楽しさを実感するためのものだからです。マンガも本ではありますけれど、ここにマンガを加えてしまうと目的が変わってしまうということです。いや、でも『日本の歴史』などの学習マンガはありかな？　そのあたり、判断は難しそうではありますね。

それからもうひとつ。「月に一回、家族で書店ゲーム」と同じように、このゲームも習慣化することが大切です。「①一緒に外出～②本をチェック／厳選～③購入～④購入した理由の発表～⑤読書～⑥感想の発表」という流れを家族の習慣にすれば、本の、そして家族の大切さをも自然に実感できるようになっていくはずだからです。

基本的に家族の交流は大切なもの。「でも、交流するきっかけがないんだよな……」という事情もあるでしょうから、そんなときに本や読書をコミュニケーションツールとして〝利用〟してしまえばいいのです。

筆談《ひつだん》読書会

いろいろなアイデアをご提案してはいますが、現実はなかなかシビアでもあります。実現できそうなことがある反面、できそうもないことだってあるに違いないということです。たとえばいい例が、再三書いてきた〝思春期問題〟。いくら家族の交流が大切だとはいっても、多感な時期の繊細さに抗えない部分はあるわけです。

自分ごととして考えれば、思春期の子の反発は充分に理解できることでもありますよね。いま親となっている自分だって中学生時代などには、親とはなるべく距離を置きたいと考えていたはずなのですから。そう考えれば、いま子どもに拒否されたとしてもまったく不思議なことではなく、むしろ自然なことだと考えられるかもしれません。

とはいえ、子どもとの距離感もいろいろです。たとえば本人も認めていますが、僕の息子には反抗期がありませんでした。とくに誇れるような教育をしたわけではないのですけれど（できるはずがない）、少なくとも親だからと押しつけることをせず、なるべく本人の意思を尊重し、そして基本的にはほめて、いろいろな意味で自主性を重視してきたとは思います。ですから、おそらくはそのせいで反抗期がなかったのではないかと感じているのです。というより、それしか思いつくことができません。

いっぽう、いままさに思春期の渦中《かちゅう》にいる高校生の娘は、息子よりは反抗的です。とはいえ父親を拒絶するようなことはないし、頭を抱えたくなるほど困った状態ではありませんん……いや、そうでもないかな？　頭はけっこう抱えているかもしれない……。しかしまぁ、不安はいろいろありますけれど、それはそれとして。

いずれにしても子どもと交流しようという場合、ときにそれが難しいということも承知のうえで、できる限りのことをすべきなのではないでしょうか？「思春期なんだから仕方がない」と諦めるのではなく、なんらかの手段を講じてみてもいいと思うのです。これも繰り返しになりますけれど、親はウザくて面倒な存在。僕も娘からたまにウザがられますが、そんなときには笑って開きなおります。だって父親はウザいものなんですから、それは事実なんですから、慌てたところでどうにもできないじゃないですか。

ということで、読書に関するコミュニケーションについても、うまくいかないことを大前提としてとことん食い下がりましょう。もちろん〝楽しみながら〟が基本ですが、できることをどんどん提案し、なんとか引き込もうと〝無駄な努力〟をしてみるのです。やってダメなら笑えばいいだけです。

たとえば本について語ろうというとき、子どもが顔を突き合わせての会話を拒否するのであれば、対面しなくてもいいような仕掛けを用意すればいいのです。そこでおすすめしたいのが、「筆談読書会」。

読書ゲーム23

筆談読書会

- リビングのテーブルなど、家族が必ず利用する場所に筆談用の紙を置いておく
- 家族が順番にテーマ提供者となり、そこにテーマとなる本の推薦コメントを記入。その本と一緒に置いておく
- 見た人は、なにかコメントを残す（「本、借ります」など）
- 実際に読んだ、もしくは拒否したなど、全員のリアクションが出そろった段階で、その本についての感想を各人が紙に書いておく

●書かれたものを用いて、筆談で論争をする

非常にまどろっこしい、意味があるんだかないんだかわからないようなゲームですが、「これ、本当に意味あんの？」と思わざるを得ないようなことでさえ真剣にやってみる。そこに意味があるのです（おそらく）。

すると子どもは、「なぜ、こんなムダなことをやるんだろう？」と考えてくれる（かもしれない）。考えてくれないかもしれないけれど、それでも、ことあるごとに親があの手この手で交流を求めようとしていることが伝われば、いつかは根負《こんま》けしてくれる（かもしれない）。もしくは、無視を決め込まれることも考えられます。でも、そうなったらそうなったで、また違う手を考えればいいだけ。

思春期の子どもとのコミュニケーションはいたちごっこです。でも、それを楽しんでこそ、「大切に思われているのかもしれない。少なくとも、ないがしろにはされていないようだ」という〝ニュアンス〟が伝わるのではないでしょうか？　そういう意味では、決して無駄なことではないと思うのです。

さて、話を戻しましょう。手書きの筆談読書会が難しい、もしくは非現実的だと感じるのであれば、「SNS読書会」はいかがでしょうか？　家族だけが見られる「読書アカウント」をSNS上につくり、そこを交流の場にするのです。

読書ゲーム24　SNS読書会

- SNS上に「読書アカウント」をつくり、いつでもアクセスできるようにする
- 基本的には、本に関する家族間の議論展開が目的だが、堅苦しく考える必要はなし
- したがって、箇条書きでも、書きっぱなしでもOK
- 「一日に一度はアクセスし、なにかを書き込む」というような、ゆるい決まりをつくる
- 各人が、読んだ本のこと、読んでいる本のことについて〝なにか書く〟
- 「ハマっている」などの前向きな意見だけでなく、「なかなか読めない」「おもしろ

くない」などネガティブな意見でもOK
●気になる本の表紙の写真をアップするなどでもOK
●本に関する話題がない場合は、無関係な話題でも可（なにか書き込むことが重要であるため）。ただし本とは無関係でも、なるべく本に近い話題を（「さっき通った本屋さんの前にいた犬がかわいかった」など）
●おすすめ本がある人は「おすすめ」としてそれを紹介し、家族に読むことをすすめる
●「おすすめ」本を紹介者から家族の誰かに手渡し、順番に家族全員が読む
●全員が読み終えた（挫折も可）段階でアカウントに集まり、意見交換会をする
●その他、本に関することを自由に書き込める場として機能させる

全員のモチベーションを高めるためには、筆談読書会よりもこちらのほうが現実的かもしれません。しかもログが残るため、あとから読みなおし、「あのときの話題についてまた話したい」というように、過去の話題を再燃させたりするのも楽しいでしょう。

いずれにしてもSNS読書会を習慣化させれば、本や読書の話題を家族間で常に共有で

きるようになり、コミュニケーションも深まっていくことになるわけです。

家族のためのＤＪ

本を読むとき、好きな音楽をかけるという方も少なくないでしょう。無音のしーんとした環境下で集中するのも悪くはありませんが、その本の雰囲気にマッチした音楽がかかっていれば、より効果的に作品の世界のなかに入り込めるかもしれないのですから。

とはいっても、自分で選曲する以上は自分の「好き」が基準になるので、とかくマンネリ化してしまいがち。「考えてみれば、本を読むときにこの曲を聴くことって多いよなー」なんてことになってしまうことも考えられるわけです。事実、僕もそんなことが何度もありました。

もちろん、それで満足できて、なおかつ読書も進むのであればなんの問題もありません。が、できれば世界を広げたいじゃないですか。そうすれば気分も変わり、読書がさらに快適なものになるかもしれないのですから。

そこで、家族と協力し合いましょう。簡単にいえば、家族の音楽知識、好み、センスなどを借りるのです。あるいは、自分のそれを家族に提供するのです。題して、「家族のためのＤＪ」。

読書ゲーム25 家族のためのＤＪ

といっても、読書する家族の横でレコードをスクラッチしようというような話ではありません。ここでいうＤＪは、あくまでも「選曲」です。

いまは便利な時代で、サブスクを使えばたいていの音楽は聴くことができます。実際に利用している方も少なくないはず。僕もいろいろ試してきた結果、現在はApple Musicを利用していますが、ここでは、そこで「できること」を活用しましょうと提案したいのです。

たとえばApple Musicであれば、家族と共有できる「ファミリー共有」というサービスがあります。他のサブスクにも同じようなものがあるでしょうが、つまりはこの機能を使って、家族間で音楽を共有し、それを読書の時間に楽しみましょうということ。

サブスクを利用するにあたり、自分の好きな曲を集めた「プレイリスト」をつくって楽しんでいるという方も多いのではないかと思います。さまざまなプレイリストを通じて音楽を聴くというスタイルは、いまや常識とすらいえます。僕は基本的にアルバム単位で聴きたいタイプ（早い話が少数派）なのですけれど、それでもプレイリストが受ける理由はわかります。よさそうなプレイリストを実際に聴いてみると、「へー、こんな選曲の仕方もあったか」「ここにこれを入れてくるのか」「これ、誰の曲だろう？」というように、さまざまな気づきが得られるからです。それはアルバムを通して聴くだけではわからないことですし、自分とは違うセンスをよりどころにするからこそわかることでもあります。

他の誰かが選曲したプレイリストである以上、自分の知らない曲が出てくる可能性は大いにあり、それが「こんな曲があったのか」という新鮮な感動につながるわけです。それがきっかけで「このアーティストをもっと聴いてみよう」と感じることもあるでしょうし、聴く音楽の幅を広げるという意味でなかなか有意義だということです。

もうおわかりですよね？　つまり家族全員がサブスク上に好みの曲を収録したプレイリストをつくり、それを共有するわけです。家族といえども好みはそれぞれ違っていても当然。そのため、「たまたま聴いてみたら予想以上に心地よく、読書の時間が充実した」なんてことも充分にあり得るのです。

「恋愛小説のためのBGM」「ミステリーのためのBGM」「〇〇〇〇（特定の作家）の作品を楽しむときに聴きたい曲」「△△△△（特定の作家）の個人的なイメージ」など、本やジャンルごとにプレイリストをつくってみて、家族の感想を聴いてみるのもいいかもしれません。

いずれにしても音楽が、本の魅力を間接的に盛り上げてくれること間違いなし。サブスクのファミリー料金だけで実現できるのですから、試してみて損はないはずです。

おわりに

僕は1970年代に青春時代を送ってきた世代で、しかも創成期のヒップホップ・カルチャーをリアルタイムで通ってきてもいるので、いまでもアナログレコードが大好きです。コロナ禍の影響でしばらくお休みしているものの、もう30年以上（遊びで）DJもやっており、イベントのたびにレコードバッグを持ち歩いています。

昨今はデジタルツールを使ったDJが主流なので、わざわざレコードを運んでくるような人間は極端に減りました。重たいし、かけるとなればジャケットから取り出したレコードをターンテーブルに乗せ、針を落とさなければなりません。盤面に傷がついていれば針も飛びます。要するに手間がかかるのです。

でも、音の太さや温かみもさることながら、その手間が好きなんですよ。

だから、スマホをチョチョッと操作すれば音楽が聴ける時代にあって、アナログレコードが再評価されていることも充分に理解できるのです。ちょっと手間がかかる楽しさを多くの人が新鮮に感じているからこそ、デジタルでなんでもできるようになったいま、アナログが再評価されているんだろうなって。

同じことは、読書にもいえると思います。

現代は、刺激的なツールであふれています。本文中でも触れてきましたが、Instagram や TikTok、Twitter や Facebook などを利用すれば、お金をかけずにいくらでも楽しむことができます。しかもそれらは刺激に満ちているのですから、ハマるなといわれても無理な話。僕だって、SNSがなくなったら困るだろうなぁとも感じます。だから、それらを否定する気は毛頭ありません。

ただ、その一方で「少しでも多くの人に、本のことも考えてほしいなあ」と感じているのです。

たとえば電車に乗っているとき、無意識のうちにスマホを見てしまうということは少なくないと思います（僕だってあります）。でも、そんなときにあえてバッグから読みかけの本を取り出し、しおりを挟んでおいたページを開き、本の世界に入り込んでみてほしいのです。レコードをかけるときと同じように手間がかかりますが、その手間ってなかなか心地よいものでもあるから。

それに拙著『読んでも読んでも忘れてしまう人のための読書術』（星海社新書）にも書いたのですけれど、読書体験はそのときの環境に関する記憶と強く結びつくものです。たとえば、「○○○という本で△△△についてのエピソードを読んだときは中央線に乗ってて、ちょうど高円寺のあたりだったな」というように、どうでもいいことがしっかり記憶に残ったりする。それもまた読書の楽しみだし、そういった記憶はまるで検索機能のように、なにかと役に立つものでもあります。飲み会の席でその本のことを誰かに教えるときなどに、さっと思い出せたりとか。僕自身も何度も経験しているのですが、そんな些細《ささい》なことが、コミュニケーションをとるうえで大きく役立ってくれるのです。

それに、電車で本を読むと意外と集中できますしね。

さらにいえば、電車のなかで読んだ本に魅了《みりょう》されたとしたら、「その先の展開」が生まれる可能性があります。

ちょっと想像していただきたいのですが、その本の内容について誰かに話したいと思いながら帰宅したとしましょう。刺激的な本を読んだとき、そんなことってありますよね。そのとき、同じ家に暮らす家族と読書の話題を共有できるとしたら、とても楽しいとは思いませんか？　聞いてほしいときに聞いてくれる相手がいるとしたら、「話す楽しみ」も加わって、翌日からの読書はさらに楽しいものになっていくはずなのですから。

その結果、やがて本を読むという行為がＳＮＳやデジタルツールよりも大きな意味を持つようになっていくかもしれません。そこまでいかないにしても、Twitter のトレンドワードの話題で盛り上がるのと同じように、本の話で盛り上がれる機会は少しずつでも増えていくかもしれない。そこに大きな意味があるし、それがさらなる読書体験へとつながっていくのです。

しかもその結果、家族との関係がより深まっていくということだって大いに考えられます。「絶対に深まっていく」などと断言することはできませんが、少なくともその可能性は生まれるはずです。そう信じて疑わないからこそ、僕は本書を書いたのです。

「はじめに」で触れたように、そして本編を読んでいただいておわかりのように、本書の裏テーマは「家族のコミュニケーション」です。本の話題や読書を通じて家族間の交流が増えたとしたら、それは純粋に楽しいことじゃないですか。

もちろん現実問題として、家族全員で本の話題を共有するというのは簡単なことではないでしょう。たびたび触れてきた〝思春期問題〟もありますし、家族全員がなかなか集まれないという現実的な事情もあるとは思います。新型コロナウイルスの影響で家にいる時間が増えた方も多いはずなので、(気がつかないだけで) 意外に家族と過ごす時間が増えたのではないかとも感じますけどね。

いずれにしても、「家族間でもいろいろ問題はあるでしょうし、うまくいかないことのほうが多いかもしれないけれど、だからこそあえて楽しんでみましょうよ」ということを、本書で伝えたかったわけです。繰り返しますが、ネタとして楽しんじゃえばいいのです。うまくいかないならうまくいかないで、「うまくいかないな～」って笑えばいいのです。なぜって、そういう無駄は決して無駄にはならないはずだから。どんな結果であれ、経験とそこからくる記憶は、必ずあとになって役に立つものだということです。すなわち、それが読書の醍醐味《だいごみ》であり、家族と読書体験を共有することの価値です。

いま家族と読書体験を共有しておけば、いまはまったくピンとこなかったとしても、いつか必ずそのことを思い出すときがきます。5年後かもしれないし、20年後かもしれないけれど、間違いなく訪れます。そのとき、「あのころ、こういう話をしたっけなあ。あれがあったから、本が好きになったんだよな」と思い出したりすることも充分に考えられるでしょう。僕自身が本に囲まれ、本の話題を親と共有しながら育ってきたので、それがいかに有意義であるかはよくわかるのです。

そして、本の価値、本が近くにあることのありがたみも、感覚的に理解できるようになるのではないかとも思います。

でも、とりあえずは深いことを考えず、とにかく読書を、そして本のある暮らしを楽しみましょう。そこから、いろいろな可能性が生まれていくのですから。

読書ゲームをはじめたばかりの時点での家族は、庭に植えられた小さな苗のようなものかもしれません。でも苗はやがて成長し、時間の経過とともに立派な木に育っていきます。ですから、そのときを楽しみにしながら、そして冗談を挟みつつ、家族と本の話をしてみてはいかがでしょうか?

本書の執筆にあたっては、星海社代表取締役社長CEOの太田克史氏、星海社新書編集部の片倉直弥氏のお世話になりました。心から感謝を申し上げます。

印南敦史

読書《どくしょ》する家族《かぞく》のつくりかた 親子《おやこ》で本好《ほんず》きになる25のゲームメソッド

二〇二一年八月二五日 第一刷発行

著者 印南敦史《いんなみあつし》

発行者 太田克史《おおたかつし》
編集担当 片倉直弥《かたくらなおや》

発行所 株式会社星海社
〒一一二-〇〇一三
東京都文京区音羽一-一七-一四 音羽YKビル四階
電話 〇三-六九〇二-一七三〇
FAX 〇三-六九〇二-一七三一
https://www.seikaisha.co.jp/

発売元 株式会社講談社
〒一一二-八〇〇一
東京都文京区音羽二-一二-二一
(販売)〇三-五三九五-五八一七
(業務)〇三-五三九五-三六一五

印刷所 凸版印刷株式会社
製本所 株式会社国宝社

アートディレクター 吉岡秀典《よしおかひでのり》(セプテンバーカウボーイ)
デザイナー 五十嵐《いがらし》ユミ
フォントディレクター 紺野慎一《こんのしんいち》
装画 スージー甘金《あまかね》
校閲 鷗来堂《おうらいどう》

ISBN978-4-06-524715-0
Printed in Japan

193
SEIKAISHA SHINSHO

星海社新書ラインナップ

30 投資家が「お金」よりも大切にしていること 藤野英人

人生で一番大切なカネの話をしよう

お金について考えることは自らの「働き方」や「生き方」を真剣に考えることと同義です。投資家・藤野英人が20年以上かけて考えてきた「お金の本質とは何か」の結論を一冊に凝縮。

163 意識の低い自炊のすすめ 巣ごもり時代の命と家計をまもるために 中川淳一郎

料理は楽すりゃいい 権威を疑え！

料理は無理せず、苦痛に感じない範囲で楽しくやればいい。専門家の意見よりも自分の感覚を信じよう。こう唱える著者による、楽しく読んで実用できる料理論&グルメエッセイ。

173 弱い男 野村克也

野村克也、最後のぼやき

「老い」「孤独」「弱さ」に向き合って生きてきた野村克也が、死の直前に語った10時間に及ぶ貴重なインタビューを収録。一流の「弱さ」に満ちた最後のメッセージ。

SEIKAISHA SHINSHO

星海社新書ラインナップ

178 ストーリーのつくりかたとひろげかた 大ヒットを生み出す物語の黄金律 イシイジロウ

ストーリー作りの黄金律と最前線！

ゲーム・演劇・アニメ・ドラマなど多方面に活躍するクリエイター・イシイジロウが、ストーリー作りの古典的メソッドから最新鋭の実験的ノウハウまで縦横無尽に語り尽くす！

183 北条義時 鎌倉幕府を乗っ取った武将の真実 濱田浩一郎

鎌倉時代を本当に作ったのはこの男!?

北条義時は、朝廷と真っ向から戦争し、武士の世を築くという偉業にもかかわらずマイナーな「地味キャラ」だ。その素顔を描く、2022年大河ドラマ「鎌倉殿の13人」主人公の一代記！

190 すべてはノートからはじまる あなたの人生をひらく記録術 倉下忠憲

ノートをとることからはじめよう！

ノートとは、私たちが本来の力を発揮できるよう助けてくれる、思考、学習、決断、自己管理、構想にあまねく関わる万能のツールです。ノートで今日からあなたの人生を変えましょう！

SEIKAISHA SHINSHO

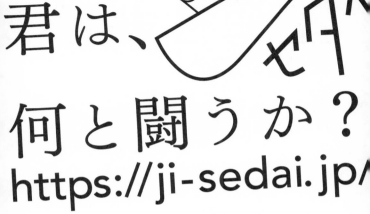

次世代による次世代のための

武器としての教養
星海社新書

星海社新書は、困難な時代にあっても前向きに自分の人生を切り開いていこうとする次世代の人間に向けて、ここに創刊いたします。本の力を思いきり信じて、みなさんと一緒に新しい時代の新しい価値観を創っていきたい。若い力で、世界を変えていきたいのです。

本には、その力があります。読者であるあなたが、そこから何かを読み取り、それを自らの血肉にすることができれば、一冊の本の存在によって、あなたの人生は一瞬にして変わってしまうでしょう。思考が変われば行動が変わり、行動が変われば生き方が変わります。著者をはじめ、本作りに関わる多くの人の想いがそのまま形となった、文化的遺伝子としての本には、大げさではなく、それだけの力が宿っていると思うのです。

沈下していく地盤の上で、他のみんなと一緒に身動きが取れないまま、大きな穴へと落ちていくのか？　それとも、重力に逆らって立ち上がり、前を向いて最前線で戦っていくことを選ぶのか？

星海社新書の目的は、戦うことを選んだ次世代の仲間たちに「武器としての教養」をくばることです。知的好奇心を満たすだけでなく、自らの力で未来を切り開いていくための〝武器〟としても使える知のかたちを、シリーズとしてまとめていきたいと思います。

2011年9月

星海社新書初代編集長　柿内芳文

SEIKAISHA SHINSHO